生命無限可能，豈容自我摧毀

生死講座

與智者一起聊生死

不要擴大目前的困窘，因為這只是一時的、是會過去的。
沒有永遠的黑暗，撐一下，黎明就在眼前。

想死，是因為還沒長大：
因為還年輕，走的路不夠多，美好的未來還那麼模糊，
所以才誤以為短暫的窘境就是永恆。

——川端康成

姜波 編著

前言

有這樣一則故事：

一名僕人被商人派去市場。人群中有人拍了僕人一下，僕人回頭一看，是一位身穿黑袍的老婦人，他知道那是「死亡」。僕人趕忙跑回去，一面發抖，一面向主人訴說方才的遭遇，以及「死亡」是如何用奇特的眼神看著他，並露出威脅的表情。

僕人害怕「死亡」找到他，於是乞求主人借他一匹馬，好讓他騎到撒哈拉，以躲避「死亡」。主人同意了，於是僕人立刻上馬疾馳而去。

商人稍晚也來到市場，看見「死亡」就站在附近，商人問：「你為什麼做出威脅的神情恐嚇我的僕人？」

「死亡」說：「不，那不是威脅的神情，我只是很奇怪會在巴格達見到他，我們明明約好今晚在撒哈拉見面的。」

正如故事所體現的，在我們短暫的一生中，死亡是無可逃避的痛，無論我們如何躲藏，它總會適時地找到我們。生命綿延不盡，死亡也是如此。死亡把自信變得疑惑，使美麗變成皺紋，因為它，我們希望能夠在人生路上緩慢前進。人類生命與死亡的並存與相襲沒有端點，生與死相互依存、相互映照，是我們生命中最寶貴的經驗。

然而，面對死亡，我們有沒有辦法撫平這份悲傷和恐懼，我們如何客觀地認識死亡的現狀，並能在接受這一現狀的同時，給予生命最珍貴的鞭策？如果我們不幸面對病痛，如果我們的生命軌跡不得不縮短，我們如何讓它變得更加優雅和美麗？

人生是一場為了告別的宴會，在這場推杯換盞、歡聲笑語的宴會中，我們如何找到那熱鬧以外的世界，如何拋卻欲望滿滿的肉身和此時此刻的享樂？且為各自靈魂的出路設想得更周全些吧。

「悲欣交集」，這是弘一法師徹悟生命後的感言。世間的一切都逃不出隱匿其中的美好和悲愴，悲痛與欣喜的糾纏，生命與死亡的纏綿，洗不盡這一路的蒼茫。伴著點點星光，伴著些許昏黃的路燈，剪一爿身影，與我們同行，在荒野中，尋找一束讓我們繼續前行的光芒。

我們不允許自己按部就班地接受命運的安排，而是把死亡當作上天的一份禮物。當有一天這禮物從天而降時，但願我們也能如弘一法師一般悲欣交集，看透人生種種。

愚人在死亡面前變得混亂，智者在死亡面前變得清醒。

《生死講座——與智者一起聊生死》一書旨在帶領讀者探討生命與愛等莊重的命題，以輕鬆簡單的方式解決我們在面對死亡時的疑惑和恐懼。讓我們跟隨智者對自身的死亡進行深入的思考和真誠的告白，它將讓你淚流滿面卻又豁然開朗，它將無限地擴大你對生的感受，沖淡死的傷感，從而凸顯出生命的美妙。

目 contents 錄

目 contents 錄

目 contents 錄

目 contents 錄

第一章 你害怕死亡嗎

盧梭：誰稱對死亡無所畏懼，便是撒謊

「你變得黯淡，不聞我的呼喚。當我死時，豈不也像印齊杜般？我心傷悲，懼怕死亡。」四千年前古巴比倫的英雄吉爾伽美什在遭遇摯友印齊杜之死後，從內心發出了如此的感嘆。死亡無時無刻不在撼動著我們的心靈，當我們親眼目睹親人、朋友的離去時，或許每個人都在想，「我」也難逃一死，於是，恐懼感湧上心頭。害怕什麼？害怕死亡。

在挪威畫家愛德華．孟克的畫作中描述了這樣一幅情景：

一位穿著白色裙子的少女，全身散發著動人的魅力和青春的氣息；一位身著紅色衣服的美婦，與

她的舞伴親密相擁，極盡妖嬈；一位身著黑色衣服的老人，一言不發，看著忘乎所以的眾人，眼神裡充滿孤獨……

在省略的細節、扭曲的線條和誇張的色彩之後，你看到了什麼？

在強烈的對比、壓抑的氛圍和掙扎的情緒之後，你看到了什麼？

在欲望的深淵、絕望的宣洩和迷途的靈魂之後，你看到了什麼？

孟克的這幅畫，在向世人展示畫家獨特的視角的同時，也暗喻了生命中最無可逃遁的宿命——死亡，正潛伏在某個黑暗的角落，伺機而動。

死亡，我們對它既恨又怕，即使掉頭不去看它，我們仍然感覺到它正步步逼近，把它可怕的陰影籠罩在我們每一寸美好的光陰上面。它奪走我們的快樂，摧殘我們的意志，喚醒我們的殘暴；它是伺機而動的潛伏者，是鐵面無情的錦衣衛；它步履輕盈，身手矯健，即使面露笑容，也是笑裡藏刀。

「東漢許慎《說文解字》對『死』的注解是：『死，澌也，人所離也。『澌』，一般辭書多解為『盡』，是為水流到了盡頭。『亡』作『死』同解，也由來已久，如《漢書．李廣蘇建傳》中，就有『存亡不可知』語。」

這是對「死亡」最直接的解釋。死亡是一切生命的歸宿，如流水東逝的盡頭，蒼穹浩渺的邊際，似遙不可及卻又真真切切地存在。

死亡在人們心上留下的痛楚似乎是與生俱來的。在西方，死亡被認為是對人類原罪的處罰，因為上帝最初造出亞當和夏娃的時候，並沒有規定他們的生命期限，這意味著人類原本是可以永生的。但亞當和夏娃偷吃了智慧樹上的禁果，被上帝逐出伊甸園，這才有了生生死死。

美國精神病學界泰斗阿道夫·梅耶在一個世紀前說：「不要搔那些還不癢的地方。」事實上，死亡並非「不癢的地方」，它始終默默尾隨著我們，悄無聲息地敲打著每個人的內心之門，潛藏在我們的潛意識深處。我們無法不被它撼動，它正是我們所體驗到的諸多困擾、壓力和內心衝突的源泉。

死亡迫使人思考，因為它是一個最無法否認，同時又最無法想像和接受的事實。人類自擁有理智起就明白，誰都遲早要登上這個千古長存的受難的高崗，從那裡被投入萬劫不復的虛無深淵，誰能對此無動於衷呢？

盧梭在《新愛洛綺絲》中說：「誰要是自稱面對死亡無所畏懼，他便是撒謊。人皆怕死，這是有感覺的生物的重要規律，沒有這個規律，整個人類很快就會毀滅。」

古希臘哲學家德謨克利特也說：「逃避死亡的人就是在追逐死亡。」

因此，當你發現死亡正在悄悄撼動你的心，不要驚慌無助，「人總是要死的」，這恐怕是人類發現的所有真理中最為樸實無華，也最是無從變更的一種。死亡是一切生命的必然歸宿。無論是一草一葉，還是參天喬木、猛虎雄獅，乃至英名蓋世的風雲人物，終將零落成泥。

我們不妨聽聽星雲大師如何看待生死，「說到生死，在一般世人看來，生之可喜，死之可悲，但在悟道者的眼中，生固非可喜，死亦非可悲。生死是一體兩面，生閉環，本是自然之理，不少禪者都說生死兩者與他們都不相干。」對於死亡的挑釁，我們若能參透其中的明理，自然就對生與死多了份釋然，少了份畏懼。恐懼和所謂的毀滅不是死亡蟄伏的初衷和目的，從容與自由才是生命尋求的哲理和真諦。

史鐵生：死是一個必然會降臨的節日

「我常有這樣的感覺：死神就坐在門外的過道裡，坐在幽暗處，凡人看不到的地方，一夜一夜耐心地等我。不知什麼時候它就會站起來，對我說：『嘿，走吧。』我想那必是不由分說。但不管是什麼時候，我想我大概仍會覺得有些倉促，但不會猶豫，不會拖延。」

作家史鐵生在《靈魂的事》的開始部分便道出上述的感覺。有人認為死充滿了恐懼，千方百計地避談生死；有人認為死必然會至，是故聽之任之，亦步亦趨；但也有一種人，他們不僅看淡生死，更積極地入世、出世，孜孜不倦地追尋生的意義，鍥而不捨地探究死的本真。他們如史鐵生一樣，似乎時時都在等待死神的迎接，卻也是心中有它，又沒有它。

即使「有些倉促，亦並不會有半點猶豫，更不會拖延」，能做到如此委實不易。

死必然會降臨，這是無可辯駁的事實。正如密勒日巴尊者所說：「這個我們如此害怕的所謂的『屍體』，此時此地就跟我們住在一起。」對死後未知的恐懼和對生的眷戀時時提醒我們「死神來了」是一件多麼可怕的災難，然而，我們是不是應該退一步想想，為何斷定死的世界會比生的世界更讓人不可承受？沒有人能告訴活在當下的我們另一個世界是否比現世更加精彩紛呈、更加生機勃勃、更加千姿百態，那麼，為何不在到達那裡之前心懷敬畏，來一段世外桃源的遐想呢？

拖延對死亡的正視，自欺欺人般地忽視它，只會讓我們充滿恐懼和不安全感。而我們越想逃避，它就會變得越可怕，越逃避，它的可怕就越強大，以至於到後來，強大得無以復加。可以想見，一旦跌入這樣的思維深淵，似乎就注定將擁有一種萬劫不復的結局。然而，當你有足夠的勇氣跳出來的時候，難道不會為這樣的一味逃避感到可笑，甚至可恥嗎？我們對更深的實相一無所知，又怎麼能夠強行給它安上糟糕或者一無是處的罪名？這真有一種「欲加之罪，何患無辭」的潑皮流氓式的無賴了。

既然我們一無所知，而且又不可避免地要作別生命，那還不如坦然接受這不可更改的事實。記得蒙田說：「在地球的任何地方，死亡都可以找到我們，即使我們就像是在一個可疑而陌生的地方不停地轉頭設防。如果真有什麼方法可以躲避死亡的打擊，我將義無反顧。但如果你認為可以倖免一死，那你便是瘋了。」上天贈與我們生的權利，也同樣慷慨地賦予每個人死的義務，而這義務唯有義無反顧，才能倖免於難！是的，死亡對沒有真正領會其價值和不可或缺性的人來說，無疑是一種災難，滅頂之災！

死亡並不是一件壞事，它總是我們的，別人不能把它拿過去，它是世界上最私有的東西，和別人毫無關聯。生者何以知生？正是死的意識強化了生的意識。漠視死或者恐懼死，哪還有生的意義可言？

每個人自生下來就在走向死亡，是故「我們在生的過程中就應該去體驗生、去沉思生，去由對死的叩問而讓自我的生命獲得更為長足的發展，從而使我們的生活更加有價值」。

死是上天的恩賜。

史鐵生在2010年突發腦出血不治身亡，但是之前他這樣一個行動不便的人也曾在一次外出中隨汽車一起跌入山溝，不過，他不但倖免於難，而且毫髮無損。死亡與我們擦肩而過，或者為我們駐足，都那樣的不可捉摸，然而，「大難之中，鐵生始終安靜地微笑，給人一種寬厚的超越生死的仁者形象。」其實，他早已經「參透為何，迎接為何」了。

人生生死各一次，既有生日，便有死時。當我們為來到這個世界的那一天舉杯歡慶的時候，是否也該為離開這個世界的那一天而談笑風生？

正如史鐵生所言：「死是一件無須著急去做的事，是一件無論怎樣耽擱也不會錯過的事，一個必然會降臨的節日。」

佛洛伊德：死亡是人與生俱來的本能

死亡是真實的，與生俱來的真實。

這種真實有時候讓我們難以理智地接受，因為每個人死亡的時候，萬般皆帶不去，甚至我們自身。

自古以來對死亡的認知一直演進著人類的不息思考，在這些認知中，佛洛伊德對死亡的解釋非常獨到，他認為，死亡是人類一出生就具有的本能。何謂本能？在寫於1905年的《本能及其興衰》一文中，他說：「有一個約定的但仍然是含糊的基本概念，它在心理學中是不可或缺的，這就是本能。」在佛洛伊德看來，「本能具有一種保守傾向，是一種惰性。這就決定了生命的目標必定是機體的一種古老狀態，一種最原始的狀態。生物體在某一時期已經離開了這種狀態，現在它正在竭盡全力，沿著自身發展的迂迴曲折的軌跡，掙扎著復歸這一原生態。這就是一切生物無一例外地由於內部原因而歸於死亡的真理。」

也就是說，生命一開始便是最原生態的，而死亡即為復歸。生命於這個世界中走走停停，最終被死亡接回混沌，這就是一種本能。

如此而言，生為本能，愛為本能，死亦為本能。正是這些與生俱來的能力，構成了生命的多姿多彩。這些本能是藏匿在生命背後的真相，是生命最樸實的裝點。本能的死亦是生命不可或缺的一部分，沒有誰可以搶走，也沒有任何事物可以替代。

既為本能，便自然派生出些許無奈。而這種無奈，在金聖歎筆下幻化出了諸多細細密密的生死憂傷：「細思我今日之如是無奈，彼古之人獨不曾先我而如是無奈哉！我今日所坐之地，古之人其先坐之；我今日所立之地，古之人之立之者，不可以數計矣。夫古之人之坐於斯，立於斯，必猶如我之今日也。而今日已徒見有我，不見古人。彼古人之在時，豈不默然知之？然而又自知其無奈，故遂不復言之也。此真不得不致憾於天地也，何其甚不仁也！」叔本華也曾說：「人生不過是即刻消逝的瞬間。」彷彿死亡是常態，而生命和我們自己倒成了過客。

其實大可不必如此悲觀，本能的死與本能的生從來都是並駕齊驅的。它們中任何一個的缺失，都會讓生命失去繁花似錦的璀璨之美，失去斗轉星移的變幻之美，失去洗盡鉛華後的凋零之美。缺失本能的死，無疑是生命中不可彌補的缺憾。

佛洛伊德死亡本能說的真正含義似乎可以用「死亡衝動」或者消極入世來解釋。「幾乎所有的人在潛意識的底層都有死亡本能。它與生本能相對應，構成人類心靈底層最重要的兩種本能力量。」我們對死亡本能的延伸理解可以幫助我們更好地面對生活，坦然地看待生死。體會到死亡本能的真諦，便可以領悟到「無生」的道理。認識到「動靜一如」「生死一體」「有無一般」「來去一致」的人生真諦，放寬胸懷，空出心智，合於自然，從而超越智勇奇巧，超越悲喜榮辱，超越沉浮生滅，超越時間去來的限制，那麼，你的人生將會於無盡的空間中綿延而去，直至進入生命本真永恆的圓滿之境。

陸 幼青：死亡的黑暗，陽光也可觸及

死亡在一些人的心中是一切的毀滅。那是一種長長的等不到盡頭的黑暗，置身其中的人，四顧無望，彷彿黑夜中大海上一艘風雨飄搖的小船，無依無靠。然而，更多人能夠明白，這黑暗總有斷層，風雨總會過去，有一天，大海將復歸寧靜，陽光透過雲層播撒下來，落在人們手心，溫暖而芳香。

這是希望的陽光。

我們心中唯存的希望照亮前方的路，只因為這希望，雖然看不見，卻一直在眷顧著我們，為生保駕護航。

在希臘神話故事中，普羅米修士偷盜天火到人間後，人類學會了用火。宙斯知道後非常惱火，為了報復人類，他叫火神赫菲斯托斯用泥土造了人間的第一個女人——潘朵拉，同時把天上所有的邪惡存放在一個盒子裡叫她帶到凡間，並把她許配給普羅米修士的弟弟厄庇米修斯。

盒子本來是不能打開的，但潘朵拉實在好奇，很想看看裡面裝了什麼，就偷偷地揭開了盒子，於是，饑荒、疾病、貪婪、嫉妒、悲慘等一齊跑了出來。潘朵拉一看情形不妙，立即將蓋子又重新蓋上，結果盒子裡面留下了希望。從此以後，即使人類不斷地遭遇苦難，受盡生活的折磨，心中也總

是留有可貴的希望，從而得以自我激勵。

即是說，在死亡以前，希望永遠存在，因此人生儘管苦難重重，卻也充滿了美好的希望。

人生的苦痛時隱時現，對死亡的畏懼永遠在未知的時空等待著，而這希望也在未知的某處，催人奮進，給予人對抗死亡恐懼的勇氣。

影片《戰爭終了》中，有這樣一個鏡頭：

在男主角的回憶中，一個陽光明媚的午後，有一群人默默的抬著一口棺材，沉默無語，靜靜地走過一片小小的墓園，停頓，落棺，埋葬。

殘酷的戰爭年代裡，同路人的鮮血成了那些在一望無垠的黑暗中幾近絕望的前行者的路燈，成了照亮生者生命的陽光。因為，有死亡就有希望。

陸幼青的《死亡日記》感動了很多人，那是他得知自己患上無法治癒的癌症後，對自己的死亡歷程和感悟的記錄。其中，他講道：

「我有一個遠親，活了*105*歲，整整拉了*70*年的黃包車，生了*9*個孩子，但只活下來一個，而就這唯一的女兒還在那個荒唐的年代裡被人以莫須有的罪名發配到勞改農場。老人終生受窮，因為從小帶我的緣故，我跟他特別親近，我記得從來沒有什麼在我們看來很幸福的事情發生。到了老人*90*歲以後，我依然年年去探望他。老人依然保持清醒，但我們交談的話題只剩下了一個——每次，老人都會要求我安排好他葬禮上的用車問題，『至少要兩部大巴士』，這個話題我們足足談了15年。

「現在想來，這個可敬的老人對生死的參悟，可能早已在那15年裡不知不覺地影響了我。我活夠了嗎？老天爺給了我40年不到的光陰，可能只有他給別人的一半。即使他偏心，已將人生所有的畫卷向我展示，我也有權抱怨未及從容欣賞。我活好了嗎？這些年來我沒有受到過饑餓和寒冷的侵擾，我出有良友，家有賢妻，上有慈顏，下有嬌女，食有魚，居有竹，行有車……但這一切得之有道，為何此時叫我撒手西行？我活暢了嗎？我知道人生美景我經歷者已十之七八，即使有下半生，也應是重複而已，但為什麼我不可像別人一樣地去回味？」

然而，縱有千萬句質問，萬千種不甘，他終究是體會到，人生的況味不在體驗時間的長短，等待死亡的路上，回憶的陽光讓他對提前散場的生命充滿感激。所以他說：「人生如一個巨大的幼兒園，我只不過是那個幼兒園的早退者。」

「既是歌，自有悲腔和歡調，但歌唱者是快樂的……」

周國平：沒有死，就沒有生的意義

你是否想像過長生不老？如果沒有死神，這世界會怎樣？

很久以前的一個國王也戰戰兢兢地思考過這個問題，他害怕有朝一日死去，那些現在所擁有的臣民、疆域、美酒和佳人統統都會煙消雲散。他的想法得到了群臣的附和，於是他更加耽於這樣的想像中，只有他的一個隨從頭腦清醒，敢於直言：「大王，如果人們都像您所期望的那樣長生不老，那麼歷史上的英雄豪傑也就都活到了今天，而與他們相比，我們恐怕只能去耕田犁地，最多是做做地方小官了。」

先秦時期儒家思想色彩很濃的《晏子春秋》也記載了一個類似的故事。齊景公登泰山四望，有感於生命的短暫，不禁潸然淚下。恰逢當時晏子在旁，他說：「古之有死也，令後世賢者得之以息，不肖者得之以伏。」正因為有了死，那些賢能者才能夠休息，壞人才不會無休止地在這個世界上搗亂。晏子把死亡視為一件功德無量的事情，因此，沒有傷感和不安，也不會心慌意亂。

如此看來，你還會把永生當作一件快樂的事情嗎？大家都得以永生，那麼我們可以很容易想像到這個世界是什麼樣子：人口異常擁擠，我們很難找到一塊安靜之地；交通愈發擁堵，為此不得不開闢縱橫交錯的空中隧道，垃圾橫飛，現代或未來文明的垃圾處理廠很可能臭氣熏天，不堪重負……凡此種種帶來的資源嚴重短缺、冰川完全融化、海平面上升、陸地面積銳減等一系列的問題，必將導致地球的崩潰，其最終結果很可能就是人類的滅亡。

你願意因永生而生活在為了搶占資源或陸地面積而戰亂頻發的世界上嗎？你願意因永生而經受並也參與到爾虞我詐的社會爭鬥中嗎？果真如此，自然死亡不復存在，而非自然死亡必將暴增。

或許你會有點自私地想，只要自己或者僅有的很少一部分人長生不老就可以了。那麼，你願意看著自己的親人、愛人、摯友、良師一個個老去、離開，同時在無可奈何之中逐漸認識到自己的心已感受不到疼痛嗎？因為看過太多的生生死死而麻木，那永生又有何義？不再悲傷，亦無從而得幸福，永生的人不過是一具仍需吃喝拉撒的行屍走肉。

當時間成了無須關注的漫長，與天地齊壽，與宇宙共生，幾百年，數千年，上萬年，沒有人會勤勉地工作，沒有人會發憤圖強，因為所有的事情似乎都可以「明日復明日」，可以無限期地重複下去。人類缺少了推動文明進步的思考，必將走向毀滅的深淵。彼時彼刻，永生將成為最不可承受之痛。沒有工作的熱情，沒有戀愛的渴望，沒有學習新知識的興奮，沒有悲傷，沒有關懷，沒有眷戀，所有的深層感覺都逐漸喪失、退化、泯滅。我們成了生活的無能者，悲愴的歷史活垃圾。永生，是對自己、對人類、對茫茫洪荒天地犯下的滔天罪孽。

西蒙・波娃在《人總是要死的》中塑造了一個不死的人物——雷蒙・福斯卡，他祈求不死，希望以不朽的歲月去征服無垠的大地，按照他的理智建立人間天堂。他出生在13世紀的義大利，經歷了歐洲近600年歷史的風雲變幻，體驗了人生的榮辱福禍，時而振奮，時而消沉，時而激昂，時而絕望，終於在漫長的生活中失去了愛的能力，同時也明白永生是一種懲罰。人生中一切歡樂和美好的東西因為短暫更顯得珍貴，一切痛苦和嚴肅的感情因為犧牲才更見出真誠；最終剝奪了生的意義的死，原本也是它賦予生以意義。

對此，作家周國平曾說：「沒有死，就沒有愛和激情，沒有冒險和悲劇，沒有歡樂和痛苦，沒有生命的魅力。總之，沒有死，就沒有了生的意義。」

慶幸這世間有死亡，生生死死才是不息的自然規律。有了死亡，就有了學舌的嬰兒期，頑淘的幼兒期，懵懂的少年期，拚搏的青年期，穩重的中年期和從容的晚年期；有了死亡，便有了深徹的愛慕，無盡的依戀，莫名的感動，珍藏的回憶；有了死亡，才有了文明的推動力，社會的發展力，人類的進化力；有了死亡，才有了四代同堂的幸福，新生兒出世的喜悅；有了死亡，才有了四季輪迴的期待，陰晴圓缺的守候；有了死亡，才有了恢弘灑脫的書畫大作，扣人心弦的影視大片，沉思冥想的人生哲理；有了死亡，才有新生！

第二章　死亡是越過透明的黑暗

歌德：我們是自己的魔鬼

「大多數人會退一步承認，死亡是不可避免的，是一個自然的事實。但是，他們不準備認識它。人們推三阻四，置之不理，抵賴事實，否認它與自己的關聯。」美籍心理學家艾弗里·魏斯曼的這段話指出了現今大多數人對於死亡的態度，即死亡是自然的事，但與「我」無關。

否認自己與死亡的關聯其實是一種逃避，是不敢正視死亡的恐懼心理在作祟。事實上，死亡對於每一個人和「不管任何理由」都是真實的，它與我們每個人的命運休戚相關。否定死亡、逃避死亡甚至恐懼死亡都是我們與自己內心的戰爭，我們大可不必搭上自己的命，獨自與心中的魔念玩掩耳盜鈴的遊戲。

死亡向生命的意義和目的提出了挑戰，而個體應對這種挑戰的方式與其所處的文化背景是相關的。我們的文化以各種各樣的方式說明我們「否認、接觸、歪曲或者掩飾死亡，以便在我們應對它的時候不會受到那麼大的威脅」。實際上，個體和社會必須既接受死亡又否認死亡。如果我們希望保持自己對現實的把握，就必須接受死亡；然而，如果我們希望過好自己的日常生活，我們又必須否認死亡。

有這樣一個流傳甚廣的真實故事。

一位婦女得知自己只有幾週可活之後，內心充滿惶恐，便一直翻來覆去地想著即將到來的死亡究竟是多麼恐怖的一件事。

當她找到藍姆．達斯的時候，以安慰垂死之人著稱的藍姆．達斯當時便直截了當地對她說：「你是不是可以不要花那麼多時間去想死，而把這些時間用來活呢？」藍姆．達斯剛對她這麼說時，那婦人覺得非常不快，然而當她看到藍姆．達斯眼中的真誠時，便慢慢地有所領悟。

「你說得很對！」她說，「我一直忙著考慮死亡，卻完全忘了自己該怎麼活了。」

一個星期之後，婦人因為病情加劇，終究還是過世了。但是在死前，她充滿感激地對藍姆．達斯說：「過去一個星期，我活得比前一陣子豐富多了。」

只有不被死亡遮住視線，我們才能體驗到生命的快樂。婦人不再把死放在心上，從而收穫了人生中最豐富的一週。

所有關於死亡的恐懼無疑都是來自我們內心，正如歌德所言：「我們是自己的魔鬼，我們將自己逐出我們的天堂。」

也就是1832年3月16日，歌德因為受涼而生了場病，誰知道，病情越來越重，最後竟到了垂危的境地。6天後，歌德身著睡袍，腳穿氈鞋，前額上戴著一頂遮光帽簷，坐在扶手椅上昏昏欲睡，僕人弗雷德利克守在一旁。歌德問他日期，僕人回答：「3月22日。」

「很好，春天到了，康復也會迅速、容易許多。」然後，歌德就睡著了，作了許多夢，並且低聲說著一些沒頭沒腦的夢話：「你們難道沒有看見那個美人嗎？在遠處的陰影裡，一頭烏黑的環形捲髮，光彩照人。」在咽下最後一口氣以前，歌德如同看到天堂一般，嘴裡喃喃地說：「光明……再多一點光明。」

據說，歌德本人是患有死亡恐懼症的，但是，他也曾親口對朋友說，當他想到死亡的時候內心非常平靜。驅趕心魔，不讓心魔的樹生根發芽，必須做到如同歌德一樣內心平靜。對死亡的妄加揣測，必然給自己帶來無端的痛苦和恐懼。

其實，死亡並非一件壞事，著名哲學家海德格在《死亡》的最後寫道：「擁有生命是好事，但生命的量沒有限度，那麼也許一種不好的結局真在等待著我們大家……生活本身是具有某種額外的肯定力量的，即使生活中的不幸不足以被其包含的好事所蓋過，生活仍然是值得一過的。」既然如此，我們不妨視心魔如無物，讓死以生的對立面轉為生的結束語，甚至是生的待續。唯其如此，死亡才能被人們從心理上所接納。

塞內加：使人們害怕的，是死亡的裝飾品

在耶魯大學的生命哲學課上，一直流傳著一個意味深長的故事。

有一位軍官負責給死刑犯行刑，他讓死刑犯自己做出選擇：直接被處死，或者走入一個黑暗的洞穴當中。

對此，所有的犯人都選擇了直接死刑，而不願意走入那個未知的黑洞當中。

培根在《論死亡》中寫道：「復仇戰勝死亡，愛情蔑視死亡，榮譽渴望死亡，悲哀奔赴死亡，恐懼搶占死亡。」

其實，死刑犯懼怕的不是死亡本身，對於他們來說，死已經是不可避免的了。他們所懼怕的，是死亡以外的事物，是死亡的未知，或者種種面對死亡時的不明確。正如塞內加所說：「使人們害怕的，是死亡的裝飾品，而不是死亡本身。」

與死亡俱來的一切，比死亡更駭人。

塞內加是古羅馬時代著名的斯多葛學派哲學家，曾任尼祿皇帝的導師及顧問，但於65年被尼祿

逼迫自殺。

當時，塞內加正在家中靜心書寫，突然來了一隊人馬，其中的一個頭目，也就是羅馬軍隊的一位大隊長對塞內加說，根據尼祿的命令塞內加應立即自殺。

塞內加的親人朋友得知尼祿的命令後都趕到了現場，無不號啕大哭，悲痛不已。而塞內加本人看起來毫無異常，他勸慰著痛哭的人說：「你們的哲學哪裡去了？你們處變不驚的精神哪裡去了？這件事不是大家都已想到的嗎？尼祿殘暴成性，連父母兄弟都殺了，現在當然要殺他的老師了。」

死令還沒有傳達完，塞內加就拿起刀子割破了自己手上的血管。

塞內加自殺時沒有絲毫的不痛快，果斷而堅毅。相較而言，死神倒顯得異常猶豫不決。一開始塞內加割破了自己的手腕和腳腕，鮮血大量湧出，可是好半天仍不見死亡的跡象，於是他讓醫生給了他一杯毒藥。出人意料的是，塞內加在服下毒藥之後仍然沒有即刻死去。最後塞內加自己想出了一個讓人不寒而慄的辦法——讓人把他放到蒸氣浴室，慢慢窒息而死。就這樣，塞內加在極端的痛苦中死去。

塞內加沒有懼怕死亡，更別說死亡的那些裝飾品。

「死去」過程中的漫長等待，不知最後一刻何時到來的迷茫，對死亡之後世界的未知，都深深地困擾著人們，所有這些死亡的裝飾品在每個人的心中不同程度地放大了死亡的巨大魔力和毀滅性。

若你看淡這些裝飾品，也就看淡了死亡。

深究起來，死亡的裝飾品可以按照印度哲學家喬德哈理的表述分為三類：死亡的痛苦經驗；死後的萬事皆空，即我們生前孜孜以求的享受、名譽、地位、財富，等等，一切將化為烏有；我們將被世人遺忘，即失去我們的骨肉和親朋摯友。喬德哈理由此得出的結論是：對於死亡的恐懼，在於人錯誤地陷入官能欲望的包圍而不能自拔，是因為對物質世界形色聲貌的追求遮蔽了人的本性，束縛了人的心靈，從而使人墮入對生死焦慮的惡性循環，難以體察人生的本真價值。所以，只有解放人類的天性，擺脫感官欲望的束縛，才能對死亡帶來的恐懼和痛苦無所畏懼，才能真正地擺脫對死亡的恐懼。

安妮·塞克斯頓：遠離孤獨，保持對死亡的知覺

孤獨讓死亡成為恐懼。

18世紀時，康德曾提出一種在當時非常流行的常識性假說。這個假說認為我們都出生並棲居在一個已經完成的、精心構建的、共享的世界中。隨著社會的發展，因為自身所具有的神經組織結構的作用，我們每個人都在建構著自己的心理世界。也就是說，每個人的頭腦中有大量內隱的心理分類系統（比如數量和品質、原因和結果等），當人面臨外界的感官資訊時，這些分類系統便開始發揮作用，使人能夠以獨一無二的方式自動地、無意識地建構自己的世界。

當自己的世界堅不可摧的時候，孤獨也就產生了。

馬克思也曾說，人類對歸屬感的需求是一種強烈的基本需要：我們總是生活在團體中，與其他成員保持著緊密而長期的關係。無論是從漫長的社會進化歷程來看，還是從個體一生的發展過程來看，每一個人都不是完全封閉的。

而孤獨就隱匿在此。人與人之間的溝通永遠都存在著一條不可逾越的鴻溝，它不在彼岸，就在他處。那些不被理解的苦悶、社交能力的欠缺、盛大狂歡之後的靜寂，都帶著孤獨席捲而來，試圖

吞噬一切。孤獨，猶如孤寂的山峰，物轉星移，留不住歲月，將人們從童年拐入暮年，再將衰老拉進天堂或是地獄……

從這個角度來說，死亡不僅是孤獨的，甚至可以說是人生中最孤獨的事。一個人死了之後不僅與其他人永別了，還必須面對第二種更可怕的孤獨，即與整個世界訣別。死亡帶來的這種雙重孤獨毫無疑問伴隨著恐懼，正如美籍哲學家威廉·詹姆士在一個世紀前所寫的：「如果可能，沒有什麼懲罰比讓一個人脫離社會，被所有人完全忽略更加殘酷。」死亡讓人們的內心感到孤單，由此產生恐懼。

孤獨感很大程度上強化了死亡的痛苦。一個人面臨死亡時，一切往日的親情都顯得遙不可及，因為家人往往不知道該說什麼，他們害怕說錯話而傷害到將死的人。除此之外，由於他們自己未曾真正地面對過死亡，所以對死亡無法正視，而這種逃避的心理讓他們不願意與瀕死之人靠得太近，害怕得只希望躲得越遠越好。死後的孤獨，透過這一方式提前反映在垂死之人最後的生命中，讓死亡的痛苦更加清晰，恐懼感也就更加強烈。

但是，我們可以遠離孤獨，消除對死亡的恐懼，給自己溫暖，走出自我的世界，放飛桎梏的心靈，給自己一點勇氣。

美國自白派的一位著名詩人安妮·塞克斯頓有一首叫做《勇氣》的詩，滲透著詩人深沉和永遠的孤獨感，但那種被放逐的孤獨最終還是臣服於勇氣，詩人教我們保持對死亡的知覺，以此獲得內心的安定和自由。

在小事中我們看到勇氣。
當孩子邁出第一步，
猶如地震般讓人驚奇。
當你第一次騎上自行車，
在路邊左右搖擺艱難地行進。
當獨自展開你的心靈之旅，
所獲得的那份灑脫與俊逸。
當人們笑你是個愛哭鬼
可憐蟲、小胖墩或小瘋子
並把你看作異類，
你飲下他們的尖刻
並把它深深藏起。
後來，
如若你曾面對槍林彈雨帶來的死亡，

你沒有用旗幟來顯示你的勇氣，
而僅僅拿頂帽子
來遮擋你的心靈。
雖然你內心軟弱
但你沒有去撫慰。
你的勇氣猶如一小塊
你不斷吞咽下去的煤。
如若你的戰友拯救了你
並為此付出生命，
那他的勇氣便不再是勇氣，
而是愛；猶如剃鬚皂般簡單的愛。
後來，
如果你曾忍受巨大的絕望，
並獨自鼓起勇氣，

從烈焰中獲取激情的火光，
揭掉你心底的傷痂，
猶如一記重拳把它擠出。
下一步，我的親人，你把你的傷悲燒成粉末，
你把它揉擦到原處
並給它蓋上毛毯
一陣睡眠過後
它看到了玫瑰的翅膀
它涅槃了。
後來，
當你面對年老，走到人生的終點
你的勇氣仍會經由小事體現，
每一春都是一把你磨快的利劍，
你愛的人將活在愛的狂熱之中，

而你將與日曆在討價還價後達成協議

在那最後一刻

當死神打開後門

你會穿上毯製的拖鞋

大步走去。

遠離孤獨，也要對死亡保持知覺，不看輕，亦不恐慌；給予愛，給予關懷，給予勇氣，給予善良，感受自己，也感受他人。這會讓你的生命之光與死亡的陰影重新融合，讓你學會在還擁有人生時盡力拓展、豐富。

要過一種真正有價值的生活，唯一的途徑正是去知覺，知覺當下所經歷的一切都會隨風消逝，那麼對死亡的恐懼也會煙消雲散。

歐文．亞隆：適度的死亡焦慮，讓你正視生命

「面對死亡我們怕的是什麼？」這是羅伯特．尼梅耶及其同事一直追問自身的一個問題。當一個生命曲終人散的時候，你是否同樣陷入對死亡的深深焦慮中？

對死亡的焦慮伴隨著整個人生，孩提時代林林總總的死亡痕跡——落葉、死去的昆蟲和寵物、去世的祖父母、老去的雙親、一望無際的墓地，等等，已經漸漸在我們心中埋下了死亡焦慮的種子。但是，《直視驕陽》的作者美籍當代精神醫學大師歐文．亞隆曾說，「適度的死亡焦慮，可以讓人們正視生命的有限」，滌蕩我們的樸素純潔之心，為生之嬌貴而默默欣喜。

村上春樹在一次搭乘老舊飛機翱翔於希臘羅德島上空的時候，飛機的雙引擎突然在半空熄火，後來他描寫了「在一瞬間非常接近死亡」的心境：「山巒起伏的稜線、松樹的樹林……前面愛琴海閃著波光。我在那上空飄浮著，徘徊著……覺得好像有一條把過去的一切都綁在一起成為一束帶般的東西，由於某種原因突然鬆開……心情非常不可思議，靜悄悄的。」也許在大多數人看來，村上春樹面對死亡那一刻的從容相當可疑，但我們可以想像，如果他並沒有安全著地，那麼他便可能無法在字裡行間充塞著一種嘲笑死神無能的得意之情。

村上春樹也許的確洞悉了死亡的真意，也或許只是運用劫後餘生的藝術手法。但是，與他在文字中表現出的從容不迫相比，現實生活中確實有很多焦慮過度的案例。

周芬涵在大學時便發現自己若一人獨處黑暗中便會有一種恐慌感，只有逃離才能減輕恐慌。慢慢的，她發覺出現這種症狀的原因可能是自己的內心有一種對死亡的懼怕，以至於到後來只要她的腦海裡產生與死有關的念頭或接觸與死有關的話題，整個人便會感到非常不自在，並經常以發怒來掩飾和轉移這種痛苦，弄得人際關係很差，家裡也不得安寧。

後來經醫生查證，她的症狀的形成可能與幼年的一次經歷有關。在她5歲時，有一次上廁所，因為停電，她差點掉進茅坑。時間久了，她便慢慢地淡忘了這件事，但那次經歷是急性壓力反應，她心中從此留下了黑暗死亡焦慮的陰影。直至看了醫生後，她的症狀才得到緩解。

無時無刻不想著「死亡」並不容易，就好像用肉眼直視驕陽，實在堅持不了多久。我們無法忍受生活在恐懼中，於是尋求各種方法減輕這種痛苦，比如把希望寄託在孩子身上，或是努力賺更多的錢，使自己更出名，或是發展出強迫性的習慣進行自我保護，或是寄託於堅定的信仰，相信終極拯救者，等等。

然而，適度的死亡焦慮可以讓人們正視有限的生命，珍惜自己所擁有的一切，在珍視中實現自己的價值和意義。適度的焦慮能產生強烈的內驅力，讓人們更加愛惜自己的身體，努力生活，認真工作，並迸發出旺盛的創造力和鬥志。當然，災難、事故、疾病等各種突發事件會引發和加深個體內心的死亡焦慮，成為個體心理上潛在的壓力，而這種壓力如果不及時排解，便很容易衍生為心理上的疾病，如憂鬱症。另外，不同的個體也會有不同的死亡焦慮反應，有些人能夠適當地處理，而有些人則會一直沉溺在對死亡的恐懼中，導致其日常生活受到影響。毫無疑問，如果能坦然面對死亡，瞭解並接受死亡是生命中無可避免的過程，那麼，死亡就能激勵人們思考生命的價值，建立積極的人生觀。

歐文．亞隆曾說：「雖然形體的死亡會使人毀壞，可是對死亡的觀念卻能拯救人。」海德格也相信死亡會使我們注意到自己的存有，進而超越日常瑣事，不會迷失在那些「無益的閒聊」與「他者」之中。這正是「死亡焦慮」。

「生命無非是苦」，唯死讓活著更可貴。請熱愛焦慮帶來的感傷，因為它的感傷如此優雅、驚奇，使我們對這個人生戀戀不捨，更願意好好地活下去。

奧里略：人應害怕的是未曾真正地生活

一直以來我們可能都認為人是怕死的。然而，以人類萬物之靈的聰慧，既已知道死亡避無可避，懼也無益，為什麼還要害怕？其實，人類痛苦的不是對死亡後的世界的一無所知或與人間繁華的告別，而是很少有人能在以死亡為題的考試中給自己的生活品質打一個高分，大部分人都帶著沒活夠、沒活好、沒活暢的痛苦一步三回頭地離開這個世界。正如古羅馬哲學家皇帝奧理略所說：「人不應當害怕死亡，他所應害怕的是未曾真正地生活。」

在青藏鐵路線建設過程中，在死亡隨時會到來氣氛下，湧現出許多具有崇高意義的生死離別。對於*18*歲就參軍來到這條線上的王宗仁來說，這種崇高隨著一個個鮮活生命的離去刻進了他的腦海。青藏線周圍的惡劣環境挑戰著人們的生存極限，在王宗仁走近世界屋脊的*100*多次中，他體會到，這片土地帶給人的是營養，是智慧，是活力。

在高原上，王宗仁親眼目睹戰友從不適應高原氣候到習慣這裡的生活，從稚氣未脫的孩子成長為真正的軍人，為青藏乃至全國人民奉獻自己的青春。青藏線的順利通車是他身邊幾百位戰士用信念和努力換來的。當談及他們的生死時，王宗仁說道：「他們來自於崑崙山，也回到了崑崙山，在建設青藏線的時候他們讓自己融為高原的一部分，是這些烈士讓我對死有了由衷的敬重和安慰。在我的心目中，這些戰士不曾死亡，他們永遠活在他們倒下的那一刻，18歲、25歲、30歲，他們永遠年輕。」

王宗仁將他每次的高原經歷都寫下來，讓更多的人從中感受烈士們的生死精神。這些逝去的年輕面容也許不久就將為世人遺忘，然而我們仍應該捫心自問：「是要活著還是要活過？」

著名詩人作家臧克家說：「有的人死了，他還活著；有的人活著，他已經死了。」最簡單樸素的語言往往可以回答最深奧的人生命題。

有一名命運多舛的女子，因為從小罹患腦性麻痺使得肢體逐漸地失去了平衡感。不僅如此，她的手腳還經常會不由自主地亂動，且嘴裡面也會經常蹦出些模糊不清的詞語，因此，在不知情的人看來，這樣的一個人實在是相當地怪異，更別說與其交流了。但是這名被醫生斷定為活不過6歲的女子，卻在這種無正常生活能力的情況下找尋到了自己生命的真正意義。她不但活了下來，而且還以常人無法想見的意志和毅力考上了美國著名的加州大學，並最終獲得了藝術博士學位。當在一次演講會上被問到是否因為自己的樣子對自己或他人有過怨恨時，她坦然地回答道：「我只看我所有的，不看我所沒有的！」

這是一個真實的故事。這名女子名叫黃美廉，出生於台南，14歲時隨父母移民到了美國。如今，她已經成為了一名畫家。

對於她來說，能夠像正常人一般地活下去就已經是無愧於生命的恩賜了，但是，她用自己的堅強和努力，讓生的蹉跎在她身上成了遙遠世界的無意義音符，以一種遵從內心的姿態詮釋著生命的真正價值。

人懼怕的應是生的蹉跎。正如美籍著名哲學家、女性主義者茱蒂・巴特勒所說：「我們過了一種有意義的生活之後，死亡的恐怖可能會淡化。因為我們最害怕的並不是死本身，而是一種沒有意義和荒謬可笑的生活。我認為，如果人們能夠正常地走完他們人生輪迴的全程，那麼大多數人都可以接受他們在地球上哪怕僅此一次的公平的人生的輪迴命運。」

人生失去了意義才是最遺憾的。美籍思想家、詩人愛默生說：「這些開在我窗下的玫瑰，和以往的玫瑰或其他更美的玫瑰一律無關；它們長什麼樣就是什麼樣，它們與今日的上帝同在；它們沒有時間的概念，只是單純的玫瑰，存在的每一刻都是最完美的。然而人類不是延續便是回憶，他不活在當下，回顧的眼睛總是悲嘆過去，輕忽周遭的種種富饒，他總是踮起腳尖望向未來。除非他能超越時間活在當下的自然中，否則他不可能快樂、堅強。」

尼采：沒有摧毀我的，反倒令我更堅強

許多人坐談生死，卻並不知世間確有許多曾身陷死亡的陷阱幾不能上岸者。他們曾經的狀態也許千奇百怪，但是堅強地挺過死神的考驗後，幾乎所有經事者的心靈都錘鍊得無比堅強。曾經沒有被摧毀，今後也必將收放自如。

現實生活中不乏這樣的故事。一個生意失敗的人，面臨著破產、追債、尊嚴掃地等一連串難以承受的問題。他覺得自己無計可施，幾近絕望，他想爬到山頂然後跳下來。可是當他爬到一半的時候，他為難了，因為若繼續往上爬，路看起來越來越艱辛；往下看，心中似乎還有那麼一絲不甘。於是他決定哪都不看，只看著自己的兩隻手，一點一點往上爬，最後他終於爬到山頂。就在這時候，他放眼望去，一片開闊，猛然間他醒悟了。

選擇生存其實比選擇死亡更堅強。

大多數人選擇死亡是因為內心不夠強大，當生命遭遇未曾預料的坎坷和挫折的時候，死亡便常常乘人不備伺機而入，引誘人跟著它走。意志薄弱者，一念之間，就成了死神的奴隸。

人最大的敵人其實就是自己。所有選擇主動死亡的人看起來是外界環境摧毀了他們，其實尋根

究源我們還是可以發現，所有的問題都在其自身。逆境中選擇生存比選擇死亡需要更大的勇氣，需要一顆更堅強的心。

《此生未完成》的作者于娟生前是復旦大學的一名講師，在查出乳腺癌末期的時候，她才30歲。得知自己的病情後，她利用生命中最後的歲月反覆思考生死的意義，以堅強樂觀的姿態從容地走完了自己人生最後的旅程。

尼采說：「凡是不能殺死你的，最終都會讓你更強。」于娟雖然去了天國，但是她用自己的方式與死亡真真切切地來了一次赤手空拳的搏鬥。她曾說：「如果不能和別人比生命的長度，那就去比生命的寬度和深度吧。」這是怎樣的一種樂觀豪放的姿態！

她的堅強、樂觀與豁達可以從她自己訴說的故事中窺視一二。

在復旦讀博士的時候，一次因為別人打架她在夜店的時候被誤抓。她這樣寫道：

「員警開始問話寫口供，問到我是幹什麼的，我說復旦學生，他問幾年級，我說博一。然後員警怒了，說我故意耍酒瘋不配合。我那天的穿戴是一個亮片背心，一條極端短的熱褲，一雙亮銀高跟鞋，除了沒有化妝，和小阿飛無異。小員警鄙視的眼神點燃了我體內殘存的那點子酒精，我忽的一聲站起來說：『復旦的怎麼了，讀博士怎麼了，上了復旦讀了博士就非得穿得人模狗樣不能泡夜店啦？』」

于娟天性可愛，在人之將死時她依然抱著樂觀積極的態度委實不易。在《此生未完成》的書序中還記載了她得病後的一段逸事：「在確診乳腺癌之後，一個男性親戚只知她得了重病，發來短信說：『如果需要骨髓、腎臟器官什麼的，我來捐！』丈夫念給她聽，她哈哈大笑說：『告訴他，我需要他捐乳房。』」

如今她已不在人世，但是有誰能說死亡摧毀了她？

《西藏生死書》中，密勒日巴尊者曾寫就下面一段話：

在死亡的恐懼中，我辛苦地爬上了山——
再三思索著死亡時刻的不可預料，
我攻占了不死、恆常的心性城堡。
如今，對於死亡的一切恐懼都已經過去了。

在這裡，密勒日巴尊者所說的「不死、恆常的心性」被攻占其實是一種意識的大回轉，這種回轉寧靜如晴空，清晰而持續，賦予我們一種「大義凜然」的氣概來面對以後的生活，恐懼蕩然無存。我們將逐漸明瞭自己是誰、我們為什麼在這裡、我們應該怎麼做等問題，成就一次徹底的人生救贖，一種全新的自我脫胎換骨，破繭成蝶。甚至可以說，人生從此復活了。

第三章　生如夏花之絢爛，死如秋葉之靜美

尼采：參透為何，定能接受任何

馬可．奧理略是古羅馬的一位哲學家，他著有一本流傳千古的書籍，即《沉思錄》。在書中他提到這樣一個問題：當秋日來臨，大地染成金色，人可以在低垂的穀穗和成熟的橄欖中領略一種心曠神怡的美，何以人獨獨對自己生命的成熟期視若畏途呢？

我們每個人之所以在這個世界上存活，是因為生命的自然之勢本就如此；而當我們垂垂老矣，為死神所收納也是順著自然之勢去的。「物壯則老」，「老則不道」，衰老是生命的自然規律，而生命的結束以及一個新生命的開始也是道之使然。「生者寄也，死者歸也。」活著是寄宿，死了是回家，明白了生死交替的道理，就懂得了生死。正如尼采所言：「參透為何，定能接受任何。」我們要

看透生死，「安時而處順，哀樂不能入也。」唯有如此，人生才可丟棄纏綿糾葛、患得患失，心安理得。

學僧道岫眼看同參中不少人對禪都能有所體會，想想自己既不幽默，又不靈巧，始終不能入門，實在沒有資格學禪，便決定做個行腳的苦行僧。臨走時道岫到法堂向廣圄禪師辭行。

道岫稟告禪師說：「老師！學僧在您座下參學已有十年之久，對禪仍是一點領悟都沒有，實在辜負您的慈悲。看來我不是學禪的材料，今天向您老辭行，我將雲遊他鄉。」

廣圄禪師非常驚訝，問道：「為什麼沒有覺悟就要走呢？難道去別的地方就可以覺悟嗎？」

道岫誠懇地說：「同參的道友一個個都已回歸根源，而我每天除了吃飯、睡覺之外，都精進於道業上的修持，但就是因緣不合。現在，我的內心深處已生出一股倦怠感，我想我還是做個行腳的苦行僧吧！」

廣圄禪師聽後開示道：「悟，是一種內在本性的流露，根本無法形容，也無法傳達給別人，更是學不來也急不得的。別人是別人的境界，你修你的禪道，這是兩回事，為什麼要混為一談呢？」

道岫說：「老師！您不知道，我跟同參們一比，立刻就有類似小麻雀看見大鵬鳥時那樣的羞愧之情。」

廣圄禪師饒有興趣地問道：「怎麼樣的算大？怎麼樣的算小？」

道岫答道：「大鵬鳥一展翅能飛越幾百里，而我只能囿於草地上的方圓幾丈而已。」

廣圄禪師意味深長地問：「大鵬鳥一展翅能飛幾百里，那牠飛越生死了嗎？」

道岫聽後默默不語，若有所悟。

大鵬鳥雖然一展翅就能飛越幾百里，但牠無法飛越生死；而一個人卻可以借助思考和反省，參透生死之道，並獲得解脫。如果說生是偶然，那麼死便是必然，生死交替的輪迴任誰都無法逃脫。我們活著為什麼要懼怕死亡？生命如此短暫，如流水東逝，一去不回，若再活在對死的恐懼中，豈不是對這一生的辜負？

蘇格拉底說：「在人的宿命中，死亡或許是最好的一種安排了。但是人們畏懼死亡，好像他們完全洞悉死亡乃罪惡至極一樣。明明是自己沒有參透的命運，卻佯裝洞知一切，這種無知是不是有些荒誕可笑呢？」

1972年，史鐵生雙腿癱瘓。對他而言，生命的意義顯得更加特別。他在作品《務虛筆記》和《病隙碎筆》中融入自己對生與死、殘缺與愛、苦難與信仰、寫作與藝術等各種問題的思考。他以自己的超然思考和領悟力活出了生命的意義，他的身體殘缺了，但他對人生的詮釋是完整的。

在談到生死的時候，史鐵生說道：「有位哲人說，命運就是一齣人間戲劇，角色是不可掉換的。當我的雙腿和兩個腎都被拿走的時候，我的身體失靈了。這是我所認為的命運。有天在報紙上看到一句話，我覺得挺有道理，它說：世界上只有兩種生活——一種是悲慘的生活，一種叫非常悲慘的生活。我覺得活著就是你對生命有疑問，對生活有疑難，但是關鍵在於一種面對人生的態度。對待生死我選擇一種樂觀的態度，讓我如此幽默地看待生死還得感謝卓別林。在《城市之光》這部電影裡，女主人公要自殺，卓別林將其救下，這女的說：『你沒權利不讓我死。』卓別林的回答讓我至今難忘：『急什麼？咱們早晚不都得死？』這是參透生死的大師態度。我想他是在說，這是困境，誰也逃不過，人生的一切事就是在與困境周旋。這需要靠愛去延緩死亡。」

生死是一種困頓，而當你自己置身這困頓之外再看時，它又何嘗不是上天給予人類的眷顧？「生死一如」，生命的流水最終匯入一望無垠的大海，求得了最好的歸宿。

肯．威爾伯：死亡，是生命給予的恩寵

恩寵之中包含著給予和接受，是一種對生命的認知方式和態度。它賦予生命自我提升的可能性，促進人們去追求最大的自我價值。

而死亡，正是生命給予每個人的恩寵。若非有著直探內心的勇氣和真實，便無法體會到生命的這種不可思議。恐懼死亡只會降低生命的活力，否認生命的價值與高貴，而我們失去的，有可能往往不止這些。為此，威爾伯妻子崔雅告訴大家：「死亡其實是一種沒有未來的狀態，活在當下意味著沒有明天，這並不是忽視死亡，而是活出了死亡。」

美國心理學家肯．威爾伯在《超越死亡——恩寵與勇氣》一書中記錄了他如何與美麗的崔雅一見鍾情，並於相識*4*個月後舉行婚禮。然而，在婚後*10*天，崔雅被查出得了乳腺癌。從此，他們開始了長達*5*年的與癌症和死亡共舞的旅程。

你會發現，這個看似關於死亡的故事，並不是用來記錄生命的凋零，而在講述一個生命如何綻放與成長，並給予人們無限希望。書中引用了美國詩人作家史蒂芬．勒文的一句話：「以恐懼面對痛苦會產生自憐，它令你想要改變當下的真相。但如果以愛來面對痛苦，把心安住其中，不以恐懼或嗔

恨，而是以仁慈來面對它，那便是真正的悲憫了。」也許，正是因為崔雅和威爾伯願意把死亡當作生命的恩寵而不是懲罰，用愛而不是恐懼來面對殘酷的命運以及自己和他人的痛苦，所以我們沒有對崔雅的死亡產生太多負面的感情，比如同情、恐懼、憤怒，我們只是被崔雅的命運牽引，和崔雅一起面對她必須面對的痛苦，並且為兩人的勇氣和力量所折服，也為兩人的靈性成長和愛的能流感到深深的幸福。

威爾伯和崔雅使我們瞭解到一個人在生命業力顯現的過程中，如何克服對業力和現象的認同，最後讓生命和死亡的本真展現出來。就像崔雅在帶著腦部3個巨大腫瘤的過程中還可以清明地面對死亡，在死亡的過程中還可以進入所謂的悟，即真正的解脫。

也許所有遭遇過打擊的人都會悲觀地問：為什麼是我？尤其是那些身患絕症的病人，他們往往很難接受這樣突如其來的打擊，很難接受如此小機率的事件偏偏降臨在自己的身上，也會常常思考並認為疾病是由多種原因造成的——遺傳、基因、飲食、環境、生活方式與人格因素，等等。然而，我們雖無法控制每一件發生在我們身上的事，但可以控制事情發生時自己所產生的反應。不再自憐、悲嘆與抱怨，而是以熱誠之心擁抱每一天，熱切對待生命，卻不執著於此。我們只有感激被賜予的生命，安然接受一切苦與樂，以勇氣超越內心的恐懼、憤怒與悲傷，才能感受到生命這最真實的存在，才會欣賞到生命開出的最絢麗的花。因此，即使在死亡陰影的籠罩下，我們也要活出美麗和智慧，深刻地認識自我並對生命的存在進行思考，思考如何安享生之喜樂。就如《超越死亡——恩寵與勇氣》中的一首美麗的小詩所寫道的：

不要在我的墳上哭泣，
我不在那裡，也未沉睡。
我是呼嘯的狂風；
我是雪上閃耀的鑽石。
我是麥田上的陽光；
我是溫和的秋雨。
你在晨曦的寂靜中醒來，
我已化成無語的鳥兒振翅疾飛。
我是溫柔的星群，在暗夜中閃爍著微光。
不要在我的墳上哭泣，
我不在那裡……

德斯佩爾德：注視著死，教會我們更好地活

死與生一樣，都是生命的常態。注視或觀察死亡，未必一定是恐怖或病態的事。《最後的舞蹈》一書作者林恩‧德斯佩爾德在她的著作中曾說，注視著死，教會我們更好地活。在你身心放鬆地躺在舒適而整潔的床上、欣賞著悅耳動聽的音樂的時候，你不妨對死亡作一些思考和感知；在你生活得快樂、健康、自信和充滿幸福感的時候，你一樣可與死亡來一番預演的對話。人們在不經意間就會有潛意識自省的行為，而善用這些時刻，有意識地引導自己去思索死亡的奧秘，或許會改變你對死亡認知的偏頗，樹立新的生死世界觀。當你的思索成果逐漸系統起來後，過去的那些悲觀的念頭就會自行崩潰，蛻變由此產生。

1611年，大衛‧德格蘭奇斯曾創作一幅有關索頓斯托爾一家的畫，我們可以從中感受到他對死亡的觀察。在畫中，死者的丈夫和父親站在其床前，兩個孩子也被丈夫緊握著手佇立一旁；丈夫的第二任妻子坐在椅子上抱著嬰兒，守候身邊。

在中國的很多地方，死去的人也一樣要在死後的幾天中停靈在家，親朋或晚輩藉此最後的見面機會寄託哀思，感念生死。

不同於對他人的死亡的注視，在佛家，留給世人更深的感受是自如生死。他們的死不僅受參禪者的注視，更藏玄機的是，他們完全可以注視自身的圓寂，悠然自得。

唐朝普化禪師有一天向人化緣「法衣」，一位施主便發善心用上好的布料做了一件袈裟送給他，但普化說這不是他要的「法衣」而拒收。臨濟禪師知道了這件事後，請人送了一口棺材過去。普化看到棺材，很高興地到街上喊著：「我的法衣來了！我要穿上它去死了！明天上午我要死在東門。」

哪有人說死就死，大家因為懷揣著這樣的疑惑，都想看看普化如何死，於是，第二天一大早東門已是人山人海。普化扛著棺材來到東門，看到這種情景，皺皺眉頭：「那麼多人看熱鬧，我今天不死了，明天到南門去死吧。」大家有些掃興，不過，隔天還是有不少人跑到南門。普化仍嫌人多：「還是明天到北門死吧！」就這樣從東門到南門再到北門，原本好奇的人已失去興趣，也不相信普化禪師的話了。

第四天普化禪師來到西門，這時候跟來的人已寥寥無幾，普化禪師說：「你們很有耐心，跟著我跑了四個門，好，我就死給你們看！」說完，普化就躺進棺材裡入滅了。

佛語云：「生是菩提，死是涅槃。」只有正視死亡的人，才能如此收放自如、逍遙灑脫，才能真正地活出精彩。

法籍著名哲學家蒙田曾說：「如果真有什麼辦法躲避死亡的打擊，我將義無反顧，但如果您認為可以倖免死，那你便是瘋了。如果想逐漸掙脫死亡對我們的最大宰制，就要採取與此截然不同的方式。讓我們揭開死亡的陌生面紗，熟悉它，習慣它，隨時想到它……我們不知道死亡在哪兒等著我們，就讓我們處處等待死亡。對死亡的修行，就是解脫的修行。學會怎樣死亡的人，就學會了怎樣不做奴隸。」

印度哲人克里希那穆提在《面對危機中的世界》中寫道：「不要等你到了*60*歲、*80*歲或者*90*歲的時候，才等待死亡的到來。你要現在就與死亡攜手同行，你要每天都大死一番……生活就是每天都死於昨日之種種，每分每秒都死於過去，過去不再延續成為未來。你要這樣隨時死亡，隨時新生，你要如是地生活。來吧！不要思慮考量這句話，你要看到這個真理。思想可以造出很多東西，思想可以把很多東西拼接在一起，但是思想無法欺騙死亡。如果你懂得了生命的意義就在於死亡，生命的意義就在於你每天都死亡，每天都新生，那麼你的生命從此就會有巨大的不同，連你的腦細胞都會發生轉化，因為腦細胞存儲著所有的記憶，所有的過去。我們可以這樣生活嗎？不要假裝，不要說『我必須努力去做』——你無法努力去死亡！除非你從*18*層樓頂上跳下來，然後說：『噢，到現在為止，一切都好！』」

注視死亡，是讓人更多地從生命的更迭中反省，以加深自己的「出離心」。保持對死亡的深入反省，會讓你越來越討厭自己之前的生死認知，將自己從習氣中解放出來。逐漸的，你會發現自己越來越能夠隨時放下它們，好像從乳酪中挑出毛髮那般容易。

當你真正出離後，你的心中定是充滿了憂傷和喜悅。自此你會發現過去的思維方式竟是那麼的一無是處；而當你能夠真正地擯棄它們、放下它們時，你又會因你的視野越來越寬廣而感到喜悅。你將不再受舊習氣的左右，而你的全新認知也必將產生強大的新而深層的力量、信心和永恆的啟示。注視死亡，改變自己，一切也終會隨著你的改變而改變。

死亡並非生命的結束、毀滅或消失，它並沒有那麼可怕；相反，死亡能夠促使人類思考人生的價值。死亡給人一種生命的緊迫感，激勵人在有生之年活出更精彩的人生。

安妮寶貝：死亡的真相，是突破虛假繁榮

我們必須知道，死亡比生命更容易獲得機會。它以一種寧靜的姿態，跟隨在每一個活著的人的左側，當你凝望那片依然美麗多彩的落葉時，也許可以深入瞭解並感悟到這種寧靜，不是在終結之時，而是在開始的時候。因而，死亡並不是可怕的事情，無須逃避或拖延，更無須用深奧的理論給予艱難的自救，你只需看著它如同日出日落一樣平常便可釋然。死亡中蘊涵著極度遼遠的感覺，當你明顯感到它的存在，自己也會更加輕盈。死亡的真相，是突破虛假繁榮。

安妮寶貝在《蓮花》中寫道：

「也許這是一座能夠以超脫角度來觀察現實虛幻特徵的城市……在醫院的那段時間改變了我的生活，置身在醫院中的病人，所關注的只是身體的感受。任何事物和人，都比不上此刻自我存在的感知來得重要。血、尿液、心電圖、疼痛的位置、針頭扎入的力度、藥丸的副作用、嘔吐失眠渾身瘙癢、傷口潰爛逐漸癒合、病灶要得到清理和控制……肉體若不存在，失去意識，心智和意志也將不存在。

「死亡是真相，突破虛假繁榮。它終究會讓你明白，別人怎麼看你，或者你自己如何探測生活，

都不重要。重要的是你必須要用一種真實的生活方式，度過在手指縫之間如雨水一樣無法停止下落的時間，你要知道自己將會如何生活。」

生之繁華，死之安然。平靜地對待存在與死亡，知道自己身處何地，何去何從，有何歸宿，這一切的一切，也許，安妮寶貝已然明瞭。

讓我們就此撫平這份悲傷，儘管天有不測風雲，我們依然可以擺脫這種不安與惶恐，慢慢接受現實。而突破死亡的真相，能讓我們暫時忘卻恐懼，或者永遠不再生活於恐懼的陰影之下，轉而客觀地認識自己的現狀，並能接受這一現狀。

藏族作家阿來曾在一次採訪中說：「其實可以很坦然面對，生死就是命中注定了。」他在小說《塵埃落定》中，寫到傻子土司的愛人塔娜如何面對他的死亡，更有對死亡以及生死觀的描繪：

「靈魂升空的那一刻，塔娜的悲痛讓我始料未及。我把生前的問題帶到了死後，可是又在死後的那一瞬間把問題丟失。我的靈魂應該是像祖先的經書中說的那樣，到達了一個沒有陰影的天堂。天堂的幸福是恆久的，像太陽一樣溫暖，像月亮一樣美麗，像一切一樣無所不在。那麼，幸福原來也是虛無的啊。啊，生命如血，更如塵埃。當生命失色的時候，比血還黑，比塵埃還虛空。」

事實上，阿來在這段文字中透露出來的隨遇而安、坦然面對生死的態度，在他的作品中並不少見。在他看來，坦然和寧靜致遠才是死亡的本真，而不是用絕望掩埋希望，讓時間和生命帶著假象流淌。

類似的，在雪萊的一篇散文中，我們看到，一位雙目失明的老人在他的女兒的攙扶下走進古羅馬柯利修姆競技場的遺址。他們在一根倒臥的圓柱上坐定，老人聽女兒講述眼前的壯觀，而後懷著深情對女兒談到了愛、神秘和死亡。女兒為死亡啜泣，老人聽見後語重心長地對她說：「沒有時間、空間、年齡、預見可以使我們免於一死，讓我們不去想死亡，或者只把它當作一件平凡的事來想吧。」

能夠透過眼前的層層濃霧去看待死亡，或者只把它當作人生司空見慣的眾多平凡事中的一件來想，不失為一種準幸福境界。然而遺憾的是，人們往往在如同故事中這位老人一般歷盡滄桑之後才能體會到。雖然每一個活著的人可能都無法參透死後的神秘，然而智者之為智者，並不在於相信靈魂不死，而在於他始終把靈魂生活當作人生中唯一永恆的價值來看待，並據此確定自己的生活方式，從而對塵世生活持一種超脫和積極的態度。

我們只不過是和死亡毗鄰而居的人，相對於生死的問題，一朵花的微笑、一片落葉的歸根、一次充滿愛的擁抱反而更能讓我們銘記於心。死亡彷彿是被某種幽幽的花香吸引，乘上了一艘全然未知的大船，雖然這艘所謂「天意」的大船，將到達哪座島嶼，我們茫然不知；但是，我們必須信賴這次航行，並且專注於風向與海上的暴風雨，積極地掌舵。我們也許將萌生出一種感覺：生和死，不再是決定人類幸或不幸的關鍵。死者歸於圓滿，生者則立於出航船隻的甲板上合掌祈禱。船，順利地駛向彼岸。

哈夫洛克．艾利斯：拋棄死亡，就是拋棄生命本身

生與死，是人生的兩個端點。對於每一個生命個體而言，起點和終點都是生命長跑中不可或缺的部分，它們成就了每一個生命個體有始有終的華彩篇章。

死亡並非脫離生命而存在，歸根結底，它仍是生命的一部分。如英國心理學家哈夫洛克．艾利斯所說：「痛苦和死亡是生命的一部分，拋棄它們就是拋棄生命本身。」長生不老的生命是不存在的，所有的生命都無可辯駁地擁有一個死亡的結點——「死亡也是大自然賜給人類的恩惠之一」。

懂得生命，就必須也懂得死亡，懂得死亡是生命的一分子，懂得死亡之於生命的非凡意義。

曾經有一朵無憂無慮的小海浪，在海洋上一直漂來漂去，享受著清新的海風和潔淨的空氣帶給它的歡樂。但是，忽然有一天，它發現它前面的海浪正撞向海岸。

「我的天，這太可怕了，」小海浪說，「我也要遭此厄運了！」

這時旁邊湧來了另一朵海浪，它看見小海浪神情黯然，於是問它：「你為何這般惆悵？」

小海浪回答說：「你不明白！我們都要撞上海岸了，所有的海浪都將不復存在了！難道你不覺

得這很可怕嗎？」

那朵海浪說：「不，其實你不是海浪，你是大海的一部分！」

海浪的對白透著生命的哲理氣息，海浪之於大海，猶如死亡之於生命，隨著自我認知的改變，義無反顧地撞向海岸這看似慘烈的唯一結局也變得華麗和崇高起來。

印度哲人克里希那穆提在《面對危機中的世界》中寫道：「你必須關注生命的整個過程，而不僅僅是死亡。你必須關注出生，然後在這個世界上生活了40、50、60、70、90年或者更長的時間——你必須關注生命的整個過程，而不是僅僅盯著生命中的終點，而不只是問什麼是死亡。如果你只是問什麼是死亡，然後為它哭泣，或者被它嚇壞了，或者像基督徒那樣崇拜它，這些都是有點愚蠢的事情。」

被死亡嚇壞著實也是因為不明瞭死之真諦，是一種無意識的拋棄死亡的無知行為。我們不應該把死亡單單看作生命的一個結點，實際上，終結、延續、時間、思想都和死亡緊密聯繫，休戚相關。

從佛教的角度來看，我們也許可以把生與死的這種關係理解得更為透徹。生和死是一體的，死亡不僅是另一個生命的開始，也是反映生命整體意義的一面鏡子，這種觀點正是藏傳佛教最古老宗派的教義核心。

我們甚至可以說，死亡就是生命。生命綿延了多少春秋，死亡也就存在了多少年。正如尼采所說，人生就是一個長期的死亡過程。

德麗雅已經是癌症末期，就要死了。在得知自己將不久於人世之後，她並沒有驚慌失措，而是開始為死亡做充分準備。作為一個文藝女青年以及一個讀者問答專欄的撰稿者，她將自己的生命奔赴死亡的過程寫進了一本書——《死亡居家指南》。

整本書並沒有千人一面地討論死亡的未知和死後的世界，而是分章節敘述著主人公德麗雅自己為死亡而做的一系列的準備，作者澳洲知名女作家黛博拉・阿德萊德文辭華美，令人振奮，有著攝人心魄的溫柔。這段告別的時間冗長卻又短暫，讓每一位讀過這本書的人都默默地流淚，同時又為她的勇氣折服。

我們不應拒絕死亡，更不應該拋棄它。村上春樹在《挪威的森林》一開始便寫下這樣的一句話：「死並非生的對立面，而是作為生的一部分永存。」作家余華也曾說：「死亡不是失去生命，而是走出了時間。」死是清涼的夜，是離去時紅遍滿天的朝霞，是枕邊未乾的淚，是一紙電報後的靜寂。

死是生命的壓軸戲，不可分離。

第四章　把你的心帶回家

慧律大師：如何獲得內心的寧靜

「非寧靜無以致遠。」現代生活節奏越來越快，生活緊張而焦灼，人們已很難品味到靜的清芬與恬愉。然而，與其讓浮躁影響我們正常的思維，不如放開胸懷，靜下心來，默享生活的原味，如慧律大師所說：「找回內心的寧靜。」

老街上有一位老鐵匠，由於早已沒人需要打製的鐵器，而改賣鐵鍋、斧頭和拴小狗的鏈子。他的經營方式非常古老和傳統：人坐在門內，貨物擺在門外，不吆喝，不還價，晚上也不收攤。你無論什麼時候從這兒經過，都會看到他在竹椅上躺著，身旁是一把紫砂壺。

他的生意不好不壞，每天的收入正好夠他喝茶和吃飯。他老了，已不再需要多餘的東西，因此他非常滿足。

一天，一個文物商從老街經過，偶然看到老鐵匠身旁的那把紫砂壺。那把壺古樸雅致，紫黑如墨，有清代製壺名家戴振公的風格。文物商走過去，順手端起那把壺。壺嘴內有一記印章，果然是戴振公的，商人驚喜不已。戴振公有捏泥成金的美名，據說他的作品現在僅存3件。

商人端著那把壺，想以10萬元的價格買下它。當他說出這個數字時，老鐵匠先是一驚，後又拒絕了，因為這把壺是他爺爺留下的，他們祖孫三代打鐵時都喝這把壺裡的水。

壺雖沒賣，但商人走後，老鐵匠有生以來第一次失眠了。這把壺他用了近60年，並且一直以為是把普普通通的壺，現在竟有人要以10萬元的價錢買下它，他轉不過神來。

過去他躺在椅子上喝水，都是閉著眼睛把壺放在小桌上，現在他總要坐起來再看一眼，這讓他非常不舒服。特別讓他不能容忍的是，在知道他有一把價值連城的茶壺後，人們蜂擁而至，有的問還有沒有其他的寶貝，有的開始向他借錢，更有甚者，晚上來推他的門。他的生活被徹底打亂了，他不知該怎樣處置這把壺。

當那位商人帶著20萬元現金，第二次登門的時候，老鐵匠再也坐不住了。他招來左右店鋪的人和前後鄰居，拿起一把斧頭，當眾將那把紫砂壺砸了個粉碎。

後來，老鐵匠還是一直賣鐵鍋、斧頭和拴小狗的鏈子，據說他活過了百歲。

「不過一念間」，老鐵匠不為名利所誘惑，安之若素，終於重獲寧靜。我們若是時時跟隨自己心靈的真實想法行事，少一些計較和憂患，多一些寬容和坦然，又何須發愁不能找到真正的心靈淨土？

一個熱愛生命的人患了絕症，只有3個月可活了，但他不甘心。

第一個月，他懷著一線希望去找醫生，因為他是一個相信科學的人。他懇求醫生運用最先進的科學方式挽救他的生命。醫生開了藥方，並直言奉告，說這些藥只能暫時止痛，不能治病，因為他患的是不治之症。

第二個月，他懷著一點僥倖去找巫婆。既然科學不能救他，他只好指望他一向斥之為迷信的巫術。巫婆口中念念有詞，舉手在他頭頂上比畫一陣，然後預言他必能度過難關。可惜這預言沒有靈驗，他的病愈發嚴重了。

第三個月，他自知大限臨頭，難逃一死，便懷著一顆絕望的心去找佛陀。在這個沒有奇蹟的世界上，除了哲學和宗教，還有什麼能安慰一個瀕死的人呢？聽佛陀宣講了一番四諦、八正道的教理之後，他終於在似是而非的徹悟中瞑目而死了。

內心的平靜在於把握不生不滅的生命本源，在於放下心中的妄念。破執者的人生如行雲流水，不以物喜，不以己悲，不因一時耀眼光環而狂傲，不因瞬間挫敗打擊而低迷，不執著於某個實現不了的想法。太過在乎必有牽累，太過執著自受羈絆，不如拋卻心中的執念，自求隨心。

誠如《西藏生死書》中所說：「如果心不造作，就是自然喜悅，這就像水，如果不加攪動，本性是透明清澈的。」

周國平：記住你回家的路

年輕的時候，應該勇於嘗試，抓住不可多得的機會，在世界上闖蕩，去建功立業，去探險獵奇，去覓情求愛，可是，無論外面的世界是如何的喧鬧嘈雜，請一定要守住自己的心靈，不要迷失在光怪陸離的世界，如作家周國平在他的著作裡所寫，「記住你回家的路」。

不論身在何方，我們心中都要有一個自我的中心點。一個人有了堅實的自我，他便有了一個精神上的座標；一個人有了堅實的自我，也便有了一個隨時隨地與自己為伴的精神密友，無論走多遠都能夠找到回家的路。

相傳在軍閥混戰的年代，在一座縣城裡，有一位讓人無法理解的老和尚。他每天都在掃地，從天微微發亮的時候就開始掃，先是從寺院掃到寺外，再從大街掃到城外，一直掃出離城十幾里，天天如此，月月如此，年年如此。縣城裡的小孩從記事起便看著老和尚掃地，等到長大後老和尚仍然在掃地，等到他們娶妻生子上有老下有小的時候老和尚還在掃地，等他們的孩子長大了也娶了妻子或嫁了人而他們當了爺爺或外公的時候老和尚還在掃地。老和尚雖然很老很老了，但還是一直在掃著他的地，沒有改變。

歲月流逝，有一天，老和尚坐在蒲團上，安然圓寂了，可小城裡的人誰也不知道他活了多少歲。又過了若干年，一位長者路過城外一座小橋的時候，無意間發現橋石上鐫著字。字跡大都磨損，長者經過仔細辨認後，才知道石上鐫著的是那位老和尚的傳記。根據老和尚遺留的度牒（舊時官府發給合法出家人的身分證明）記載推算，他活了*137*歲。

傳言說當年老和尚「名聲在外」，孫傳芳的部隊在這個小城紮營時，其手下的一位將軍突然起意要放下屠刀，懇求老和尚收他為弟子。老和尚收下了他，這位將軍此後便也每天拿著掃把，跟在老和尚的身後掃地。老和尚心中了然，向他唱了一首偈：

掃地掃地掃心地，
心地不掃空掃地。
人人都把心地掃，
世上無處不淨地。

老和尚掃了一輩子的地，掃去了自己心上的浮塵；將軍闖蕩數載，經歷幾多風雨滄桑，四處遊蕩而迷茫，終於也由老和尚掃除了心頭積攢已久的灰土，皈依佛門，找到了屬於他自己的回家的路。

一個人有自己的心靈追求，在闖蕩世界積累了相當的人生閱歷後，他就會逐漸認識到自己在這個世界上的位置。此時，他的抉擇就不會被外界的力量所左右，就不會被擾亂紛爭的世界所羈絆，就不會迷失回家的方向。

當我們從生死的角度重新審視這個命題的時候，就會更多一份感悟。

有一個8歲的小男孩，因為罹患了愛滋病，生命已經走到了最後的關頭。在他清醒時他問父親：「爸爸，我會死嗎？」痛苦的父親微笑著回答：「會的！」男孩又問：「死很可怕嗎？」父親陶醉般描述道：「不，一點也不可怕，死就是去天堂！天堂是我們每個人最終都想要去的地方，就像你在外面跟小夥伴們玩累了要回家一樣。死亡就像回家！」

後來小男孩在又一次醒來的時候問媽媽：「死是什麼樣的感覺？」媽媽無法回答這個問題，於是找來了醫生和那些從死神手中被搶救回來的病人。他們告訴孩子：「在你接近死亡的時候，會看到在隧道的盡頭有一束白光，你會迎向那束光，身體也會變得非常輕盈，可以像天使那樣自由地飛翔。當你向白光走去的時候，你會感覺非常舒適，就好像見到天堂一樣。」於是，小男孩的內心寧靜了很多，一直在微笑中有點期待地等待著死亡的來臨！終於，在一個深夜，他用微弱的聲音告訴媽媽：「我終於看到那束光了，我的身體飄起來了，感覺是那麼的輕盈，我可以飛了，我看到了天堂。」

晨曦中，男孩在媽媽懷裡帶著微笑停止了呼吸……

美國電影《永不放棄》講述的這個故事讓我們深深地為之動容。對於8歲的小男孩來說，死亡就像天空的巴別塔一樣模糊而虛幻，當其真的來臨時，那一段隧道，那一束白光，就是回家之路的儀仗。

多少人迷失在對死亡的恐懼中，找不到生命的座標，找不到回家的方向？其實，死亡，一直與生命緊緊相擁、手足相抵，這個上天對我們每個人的恩寵，就像回家一樣親切而自然！以這樣的心情走向生命的終點，才能對得起人生這最後的一件快事。

我們每天都行走在回家的路上，悲觀的人會說：「我離死亡又接近了一天。」樂觀的人會說：「我離家又近了一步！」當一個生命逝去，悲觀的人會說：「你永遠地走了，我們再也無法相見；」樂觀的人會說：「你先回家等著，我隨後就來！」

死神是最守信用的，它隨時可能來踐行對生的承諾。死亡時，所有的一切都顯得那麼的寧靜與安詳。人生如戲，我們不管在其中扮演什麼樣的角色，不管演得是否精彩，都得走，都得回家去！

一路走走停停，最後終於明白死亡不過是生命的最終去處，就像回家一樣自然而然。這一路上，我們的心變得愈發坦然淡定，找准自己家的方向，記住這條回家的路，為回家做好充足的準備。

赫伯特・史賓塞：專注自己的生命

死亡，這個生命的結點，讓無數膽小怯懦者為之懼怕。輕死貴生，好死不如賴活的思想在我們的社會中根深蒂固。在一般世人眼裡，生可喜，死可悲；但在悟道者的眼中，生死無須悲喜，因為生或死本都是自然之理。生者寄也，死者歸也。生時，好生善待；死時，坦然面對。過於放大對死亡的恐懼，反而讓自己失去生的意義和價值。英國哲學家赫伯特・史賓塞說：「真正的聖者的信條是善用生命，充分地利用生命。」因此，拋卻對死的恐懼，善待自己的生命，是我們當時當刻最重要的任務。

有一個人很怕死，他常問自己：「死亡是在前面還是在後面呢？」

他猜想：人總是在向前時死亡，例如飛機失事、車禍喪生……所有的動物也都是在往前逃命時被捕殺，從沒有動物是後退時喪命的。由此他得出結論：死亡是自後向前追趕生命的，要避免被死亡追上，唯一的方法就是比死亡走得更快。

於是，他每日行色匆匆，無論吃飯、工作或是走路，都比以前快了三倍。

有一天，正當他匆匆忙忙趕路時，突然被一個白鬍子老人叫住。老人問他：

「你如此匆忙，是在追趕什麼嗎？」

他回答：「我不是在追趕，而是在逃開啊！」

「逃開什麼呢？」

「逃開死亡！」

「你怎麼知道死亡是在後面呢？」

「因為所有動物都是在往前逃命時被死亡追上的。」

只聽老人說道：「你錯了！死亡不是從起點追趕，而是在終點等候。不論你跑快還是跑慢，都會抵達終點。」

「你怎麼知道？」

「因為我就是死神呀！」老人說。

該人大驚失色：「你今天出現，莫非我的死期到了？」

死神說：「喔！你不用害怕，你的死期還沒有到，只是你跑得太快，我的兄弟『活著』一直向我抱怨趕不上你。如果你不與他會合，那和死了又有什麼兩樣呢？他特別請我通知你，慢一些吧！」

「我要如何才能與『活著』會合呢？」

死神說：「首先，你要站著不動，把心靜下來。然後你要環顧四周，用心體會、用愛感覺，『活著』就會趕上你了。」

當他把心靜下來時，老人開口說道：「你回頭看看，我的兄弟來了。」

他一回頭，老人不見了，卻看見了從未見過的美麗風景……

其實，生死的意念都在於心的回眸和救贖之中，解脫就在當下。過分地專注於死亡只會讓自己的人生滿是疲憊和焦躁，這並不是「活著」的原本形態。專注於死亡，將使我們的生無所適從，鬱鬱寡歡。這般過分的專注，已經悄然宣告了死亡的提前來臨。

「小王子的星球上忽然綻放了一朵嬌豔的玫瑰花。以前，這個星球上只有一些無名的小花，小王子從來沒有見過這麼美麗的花，他愛上了這朵玫瑰，細心地呵護它。那一段日子，他以為，這是一朵唯一的花，只有他的星球上才有，其他的地方都不存在。然而，當他來到地球上，他發現僅僅一個花園裡就有五千朵完全一樣的這種花朵。這時，他才知道，他有的只是一朵普通的花。

「一開始，這個發現讓小王子非常傷心。但最後，小王子明白，儘管世界上有無數朵玫瑰花，但他的星球上那朵，仍然是獨一無二的，因為那朵玫瑰花，他澆灌過，給它罩過花罩，用屏風保護過，除過它身上的毛蟲，還傾聽過它的怨艾和自詡，聆聽過它的沉默……一句話，他馴服了它，它也馴服了他，它是他獨一無二的玫瑰。」

在《小王子》一書中，於千千萬萬的花海中，小王子的玫瑰也不過是一朵再普通不過的花。然而，在這朵如此普通的玫瑰花身上，小王子耗費了諸多精力，投入了豐富的情感。所以，這一朵玫瑰對他而言才顯得那麼的重要。他曾如此地專注於它，他與它的相互馴服是一種曾經滄海難為水的幸福，獨一無二。

我們大多數人亦不過是最普通不過的普通人，過著在外人看來是最普通不過的生活，然而，我們的生活就是我們馴服的玫瑰。當在你眼中別人的生活是那麼豐富多彩、精彩斑斕時，請不要自怨自艾；當你的玫瑰未及其他的玫瑰嬌豔鮮嫩時，請不要羞愧難當，或憤憤不平；當你的玫瑰垂垂老矣，即將枯敗時，請不要唾棄。不論嬌嫩或枯敗，它是你的玫瑰，這就足夠你為之傾盡所有。

專注自己的生活，摒棄一切繁華或虛幻，再普通的生活也一樣充滿色彩。

雪萊：回歸大自然，找回逃跑的心

鋼鐵建築下的城市喧囂讓我們嗅不到自身的氣息，我們與地氣是如此的遙遠，似乎那些清新的空氣、滴答的雨聲、夕照的幽遠、落日餘暉的燦爛都是昨日的回憶，是故紙堆裡的虛幻筆跡。自然創造了人，創造了所有的生命，而人為了尋找不知所謂的歡娛，卻一直背井離鄉，漸行漸遠，將每一顆心放逐、流浪，直至劣跡斑斑。

英國詩人雪萊曾經說：「他已和自然融為一體。」俄國哲學家普列漢諾夫非常欣賞這句話，以至於後來將其作為墓誌銘刻在自己的墓碑上。這樣的生與死，已然鐫刻進了大自然的詩情畫意中。

回歸大自然，就是尋回我們逃離的心，完成一次自我的靈魂救贖。

某一年的夏天，一位遊歷非洲的旅者隻身來到肯亞。把一切安頓好之後，他便一個人開著車駛入漫無邊際的大草原，開始了他的狩獵之旅。但是，當他真正地置身其中的時候，他有了一種完全不同的感受。

他說：「置身在一望無際的非洲草原中，我觀賞著身邊不時出現的野生動物——大象、獅子、牛羚等等，牠們自在地與大地共生存。草原上所展現的巨大野生能量，把我震懾得許久說不出話來。

「剎那間，我發覺身上的每個細胞、每根神經都鮮活了起來，自己的感官有著前所未有的敏銳，風聲、草動都接收得一清二楚，身體隨之產生了一陣悸動，久久無法自已。為著這個不可思議的發現，我興奮得幾乎失控。

「接下來的幾個小時中，我在草原上獨自沉思，思緒快捷而順暢，直到目送夕陽西下後才踏上歸途。離去時，心中感到前所未有的平和及自在。

「這次的經驗，讓我真實體驗到了專家所謂的『大自然律動』，而這也正是我們在大自然中較能放鬆心情、感到自在的原因之一。」

這無疑是一次真實的自然感受。當我們在繁忙的工作之餘抽出時間單獨與大自然相處時，也許就可以聽到自然天性的聲音，聽到來自心底的聲音，聽到微風、細雨、蟲鳴、鳥叫的和諧之聲。生命需要我們不時地靜下心來，與自然來一番面對面的談話。惟其如此，我們才能更好地認識自己、掌控自我，而此後便是心底恐慌感的漸漸退去和前所未有的自在的到來。

我們的心也許逃離得太久，以至於讓自己都感到陌生，我們成了自己的陌生人。

希臘神話故事裡，有一個著名的名叫斯芬克斯的獅身人面怪獸。每天它都在一個未知的地方等待著路過它面前的人，給他們講一個謎語，如果路人能夠回答上來，就饒他一命；如果回答不上來，它就會把路人吃掉。這個謎語的謎面是：「早晨用四隻腳走路，中午用兩隻腳走路，傍晚用三隻腳走路。」這便是當時天下最難解的斯芬克斯之謎。斯芬克斯因此吃掉了很多人，直到英雄伊底帕斯說出謎底。

伊底帕斯的謎底是「人」。他解釋說：「在生命的早晨，人是一個嬌嫩的嬰兒，用四肢爬行；到了中午，也就是人的青壯年時期，他用兩隻腳走路；到了晚年，他是那樣老邁無力，以至於他不得不借助拐杖的扶持，作為第三隻腳。」聽到伊底帕斯的答案後，斯芬克斯大叫一聲，絕望地從懸崖上跳下去摔死了。

這個故事說明，離我們最近的往往是最難認知的。在整個人生成長過程中，我們可以不斷地認知天地萬物，但唯獨難以認清自己的心。一切的一切負累於心，蒼老了生命。

所以，紐舒堪布仁波切會說：

在自然的大祥和中休息吧！

這個筋疲力盡的心，被業力和妄念打擊得束手無策，

如同在驚濤駭浪的無情憤怒中，在輪迴的無邊人海中。

這是一種具有禪意的規勸。回歸自然，收回那顆逃亡的、筋疲力盡的心，你會發現一切負面的心態都繳械了，你的侵略性也融解了，迷惑也慢慢蒸發了，如薄霧融進那廣闊無瑕、絕對自性的天空中。如此祥和，人生已然平靜而永恆，滿足而自在。

克里希那穆提：歸屬感是人類的天性

工業時代的高歌猛進讓人類生存的環境割裂成城市和農村這兩個幾乎對立的實體，它們之間的差別或許難以總括，但一些既定的事實是顯而易見的。城市中幾乎充斥著脫序的盲目與浮躁，而農村中的曠野則顯示出一派有序祥和的自然與和諧。曠野的秋日，天高雲淡，純淨唯美，清澈澄明，不帶一絲的瑕疵，若是置身其中，必定能體會到心曠神怡、和諧完美的意境。

這恐怕是很多在城市待久了的人的夙願。親近自然，彷彿能找回失落已久的歸屬感：生命旅途中的種種迷失，在偉大的自然面前變得越來越藐小，我們連最後的一點眷戀和擔憂都完全放下，微笑從心底蕩漾開來——回家了。

克里希那穆提說，歸屬感是人類的天性。生命渴望獲得這種歸屬感，歸屬感既是人類的基本需求，也是一個問題的答案。我們常會自問：「我是誰？」這個疑問與另一個疑問有著相互關聯的答案。從人的社會性而言，我們都屬於某個家庭、團體或職業機構，而正是這種「屬於」給了我們賴以生存的理由。沒有歸屬感的人會覺得自己一無是處，我們需要旁人成為我們生命的座標，否則我們很難甚或永無可能認識自己。所以歸屬感是人類的基本需求，是人類的天性。

對很多人而言，歸屬感持續或強化必須透過日常生活中的小小儀式來實現。比如當你去加油站加油的時候，服務生會漫不經心地問你：「嘿，你看今天會下雨嗎？」「絕對不會。」你也並不是非常認真地回答他，這跟大家見面總是會問「吃了沒有」是一樣的道理。這些看似毫無意義的問話其實舉足輕重，因為它讓兩人之間的歸屬感瞬間得到了印證。諸如此類的小小儀式能為歸屬感源源不斷地注入新的活力，讓人們幾乎不間斷地感受到自己屬於某一社群，在不知不覺中得到撫慰、感到安心。

在適當的時候生命願意享受難得一求的孤獨，卻無法長時間地忍受孤寂的折磨。我們在社會的歸屬中尋求定位，只為了不讓自己被蜂擁前進的社會遺落下。

領地的捍衛和個人角色的搶占也是歸屬感的必然要求。

我們總是努力保護自己信賴的東西，總是努力信奉某種絕對權威或文化，就像動物捍衛自己的巢穴一樣。爭執、角逐、搏鬥，「一個想侵占另外一個的巢穴，另外一個則想把入侵者趕跑，保衛自己的家園。不久，捍衛領地者占了上風，另外一個則逃之夭夭。於是，一切又恢復平靜。」歸屬就此顯現，生命因此擁有了存在的安全感。

從前有一位極好的國王，因為病重即將離開人世，離開他可愛的臣民。為了讓他的國家能夠繼續安穩下去，面對滿朝哭泣的臣民，國王讓人拿來一大堆箭。一開始他先讓力氣最小的一個人去折斷一支箭，那人輕易地折斷了箭。接著國王吩咐侍衛將這堆箭綁在一起，要力氣最大的人使盡全力氣將其折斷，但那大力士使盡吃奶的力氣卻還是做不到。國王於是鄭重其事地對著臣民說：「我想你們也許明白了我的意思。這就是我的遺產，我把團結留給你們每一個人。你們只要團結一致，心志如一，自然就會獲得任何個人絕對無法達到的強大力量。」

將自己歸屬於某一個團體能給我們帶來力量，而這種自覺屬於某個大我的一部分的歸屬感對個人的幸福而言也是不可或缺的要素。以學生和老年人為對象的相關研究已經證明，若這種需求得不到滿足，憂鬱沮喪便很容易乘虛而入。更嚴重的情況是，當我們的歸屬感得不到滿足的時候，為了取得與外界的關聯，我們很可能加入其他危險或暴力集團，以至於誤入歧途。

事實證明，歸屬的基礎越深厚，個人就越長壽、越健康。在瑞典，有人對*1.8*萬名受試者進行了長達*6*年的追蹤研究。結果發現，那些自覺形單影隻的人英年早逝的機率比一般人高出*4*倍有餘。無獨有偶，芬蘭的一個以*1.3*萬人為對象的研究發現，和社群經常聯繫的人早夭的機率比遺世獨立的人低*2～3*倍。此外，某研究中心在美國密西根州徵集了*3000*人的樣本數，研究者從中發現自覺支持感較弱的受試者患病的次數比一般人高出*2～3*倍。一位名叫雷德佛．威廉的醫生對*1400*名心肺疾病患者進行研究後也發現，已婚或是有對象可以傾吐心事的病人存活機率比一般人高出*2～3*倍。

歸屬感是作為生命的一個整體而存在的，它讓擁有並能很好地把握它的人得以更好地活在當下，找準自己的定位，活出自己的價值。歸屬感讓人類生命的寬度得到擴展、長度得到延長，讓死亡變得輕飄飄。

富蘭克林：分分秒秒匯集成生命之河

富蘭克林說過：「你熱愛生命嗎？那麼，別浪費時間，因為時間是組成生命的材料。」

生命由一點一滴的時間組成，古人曾云：「一寸光陰一寸金，寸金難買寸光陰。」魯迅也曾說，時間就是生命。由此可見，在生命的長河裡，時間充實著它的每一個河段，每一處激流。

據說弘一法師有一個「草庵鐘」，這個鐘比正常的時間慢了兩刻鐘。弘一法師為什麼把鐘調慢呢？原來以前他在草庵時生過一場大病，耽誤了一個多月，後來他便一直將這只鐘帶在身邊，以時刻提醒自己珍惜時間。到後來，「草庵鐘」就成了珍惜時間的一個代名詞。

惜時向來是被廣為推崇的美德，無論是對於修佛之人，還是對於普通人，珍惜時間都非常有必要。有一則廣為流傳的佛教故事，就是講惜時的重要性。

有一天，如來佛祖把弟子們叫到法堂前，問道：「你們說說，你們天天托鉢乞食，究竟是為了什麼？」

「世尊，這是為了滋養身體，保全生命啊。」弟子們幾乎不假思索地說。

「那麼，肉體生命到底能維持多久？」佛祖接著問。

「有情眾生的生命平均起來大約有幾十年吧。」一個弟子迫不及待地回答。

「你並沒有明白生命的真相到底是什麼。」佛祖聽後搖了搖頭。

另外一個弟子想了想又說：「人的生命在春夏秋冬之間，春夏萌發，秋冬凋零。」

佛祖還是笑著搖了搖頭：「你覺察到了生命的短暫，但只是看到生命的表象而已。」

「世尊，我想起來了，人的生命在於飲食間，所以才要托鉢乞食呀！」又一個弟子一臉欣喜地答道。

「不對，不對，人活著不只是為了乞食呀！」佛祖又加以否定。

弟子們面面相覷，一臉茫然，都在思索另外的答案。這時一個燒火的小弟子怯生生地說道：「依我看，人的生命恐怕是在一呼一吸之間吧！」

佛祖聽後連連點頭微笑。

生命就由這呼吸之間的點滴時間構成。談及時間，孔子說：「逝者如斯夫，不捨晝夜。」的確，時間從來都不等人。

有一則寓言故事向我們講述了時間之於生命的重要性。

很久以前，在某一年春天的一個早晨，當太陽剛剛露出臉來的時候，喜鵲便來到貓頭鷹的家門口，心情大好地叫著說：「貓頭鷹先生，快起來，藉著早晨明媚的陽光，練習我們的捕食本領，不要再睡懶覺了。」

此時貓頭鷹眼睛都懶得睜一下，身體蜷曲在窩裡一動不動，懶懶地問了聲：「是誰呀？這麼早就上這來鬼叫！我還沒有睡醒呢，啥時練不行，我還得再睡一會。」

喜鵲聽了這話悻悻而去，只好獨自鍛鍊去了。中午很快就到了，喜鵲又來了，而此時貓頭鷹雖然醒了，但還是在床上躺著不動。

沒等喜鵲張開口，貓頭鷹趕忙說：「天還長著呢，練什麼呢，還是趁早休息的好。」

喜鵲說：「已經不早了，都到中午了，你該捕食鍛鍊了。」可是貓頭鷹還是自顧自地躺在床上，沒有答理喜鵲。太陽落山之前，喜鵲飛到貓頭鷹家，看見貓頭鷹剛剛起床洗臉，就說：「天要黑了，我都要休息了，你怎麼才洗臉啊。」

貓頭鷹說：「我就這習慣，晚上餓了我才開始捕食。」

喜鵲說：「這麼晚了你還能捕到什麼食。」剛說完話，天就黑了下來，喜鵲安心地回家睡覺去了，貓頭鷹卻不得不拍打著翅膀從一棵樹飛到另一棵樹尋找食物。

這僅僅是個寓言故事，卻生動地告訴我們，時間不等人。正所謂：「明日復明日，明日何其多，我生待明日，萬事成蹉跎。」

珍惜生命中點點滴滴的光陰，還包括學會管理時間。世界上有許多人不懂得管理時間，不懂得珍惜現在所擁有的每一分每一秒。失去了財富，可以努力再賺回來；失去了知識，可以再學；健康可以靠保養和藥物來重得，但時間是一去不復返的。因此，我們說這世上最稀有的資源便是時間。

人的時間是有限的，我們不應該在瑣碎的事情上浪費自己寶貴的時間。只有把握生命長河中的分分秒秒，生命的過程才不會充滿懊悔和自責，而這正是生命的真諦所在。

佛光禪師：這輩子你好好活著了嗎

生命短暫而易逝，來也匆匆，去也匆匆。而在這過去的歲月中，你是好好活著的嗎？在將來的歲月中，你想好好活著嗎？

有一個小男孩一生下來就被安置在孤兒院中，在他長大一點後，他便很難過地問院長：「院長，像我這樣沒人要的孩子，活著究竟有什麼意思呢？」

院長笑而不答，只是交給小男孩一塊石頭，並對他說：「明天早上，你拿這塊石頭到市場上去賣，但不是『真賣』，也就是說，無論別人出多少價錢，你都不能賣。」

第二天，男孩拿著石頭在市場上找了個位置便開始叫賣了。一開始無人問津，但是逐漸地開始有不少人好奇於那塊石頭，而且價錢也越出越高。回到院裡，男孩興奮地向院長報告，院長笑笑，要他明天再將石頭拿到黃金市場去賣。第二天，在黃金市場上，有人出比昨天高10倍的價錢來買這塊石頭。

最後，院長叫孩子把石頭拿到珠寶市場上去展示，結果，石頭的身價又漲了10倍，更由於男孩怎麼都不賣，竟被傳揚為「稀世珍寶」。

男孩興沖沖地捧著石頭回到孤兒院，把這一切告訴了院長，並問為什麼會這樣。

這次院長沒有笑，他望著小男孩慢慢地說道：「生命的價值就像這塊石頭一樣，在不同的環境下就會有不同的意義。一塊不起眼的石頭，由於你的珍惜、惜售而提升了它的價值，竟被傳為稀世珍寶。仔細想想，你自己不就像這塊石頭一樣嗎？只要你自己看重自己，好好活著，生命就有意義，就有價值！」

好好活著要求我們以積極樂觀的姿態迎接生命中的每一天，以飽滿的熱情過好生命中的每一秒。每天都有那麼多的人死去，我們更應該感到活著的可貴，而沒有理由不去珍惜生命；更應該熱愛生活，好好活著。

大智是佛光禪師門下的一名弟子，20年前出外遊學，20年後他終於又回到師父身邊。

在佛光禪師的禪房裡，大智仔仔細細地跟師父述說自己在外遊學20年的種種見聞和感悟，最後大智問道：「師父，這20年來，您一個人還好嗎？」

佛光禪師道：「很好！很好！講學、說法、著作、譯經，世上沒有比每天在法海裡泛游更快活的生活了，每天，我忙得好快樂。」

聽到年邁的師父講起每日的辛苦學習，大智關心地說：「師父，您年紀這麼大了，應該多一些時間休息！」

這時候夜已深了，佛光禪師對大智說：「你休息吧！有話我們以後慢慢談。」

第二天一早，大智就被一陣木魚聲喚醒了。大智走出禪房，發現敲魚誦經的聲音正是從佛光禪師的禪房裡傳出來的。

原來佛光禪師每天都是這樣，早起敲木魚誦經，白天不厭其煩地對一批批前來禮佛的信眾說禪講法，晚上一回禪房不是批閱學僧心得報告，便是擬定授課的教材，每天總有忙不完的事，便養成了晚睡早起的習慣。日日如是，年年如此。

大智為此很困惑，因為師父畢竟年邁體衰，怎麼有那麼好的精力每天做那麼多的事？於是有一次當好不容易看到佛光禪師與信徒談話告一段落後，大智便搶著問佛光禪師道：「老師，分別這*20*年來，您每天的生活都是這麼忙著，怎麼都不覺得您老了呢？」

佛光禪師道：「我沒有時間老呀！」

好好活著，不是追求錦衣玉食的生活，不是崇尚奢華浮誇的日子，更不是追求肉體或感官的片刻歡愉。「發憤忘食，樂以忘憂，不知老之將至」，這才是好好活著的至高境界。

好好活著還要求我們規劃好自己的人生方向，充實地過每一天。

有這樣一個測試，給你一張足夠大的白紙，讓你對折*51*次，想像一下它將有多高。結果絕大部分人都覺得不過就摩天大樓那麼高，而事實上，這個厚度將超過地球和太陽之間的距離。

這個結果讓不少人感到震撼，*51*次的對折遠不是將*51*張白紙疊加在一起那麼簡單。人生何嘗不是如此？如果你永遠沒有規劃，今天做做這個，明天做做那個，豈能比得上持之以恆的疊加的力量？

有規劃的人生才是好好活著的人生。不同的人生階段有大大小小的不同目標才是一種有意義的活著的人生。積極地入世，積極地處世，珍惜活著的每一天，讓當下活得精彩充實，才不枉此生走這一遭。

史蒂夫・賈伯斯：像明天就要死去一樣生活

即使我們不願意承認，我們的生命也都隨時可能結束。這並不是一個純粹悲觀的論調，而是給予每個人珍視生命的每一分鐘的機會。有些著名的禪觀大師，在晚上就寢前會把杯子倒空，杯口朝下放在床邊，因為他們從來不確定明天是否還用得著這杯子；他們在晚上就會把火熄滅，免得餘燼在第二天還燃燒著。他們時時刻刻都想到可能會死，並且時時刻刻都做好面對死亡的準備。而總是把所有事情都推到明天去做的人從來都無法很好地使用今天，當然，更無法很好地利用自己的生命。把每個日落當作生命中的最後一個日落並不是讓我們死死地盯住死亡，而是要求我們關注該如何度過從日出到日落的過程，讓我們不至於在新的一天裡感到悔恨與遺憾。

蘋果公司的靈魂史蒂夫・賈伯斯在史丹福大學的一次演講中表達了自己對生命與死亡的看法：「當我17歲的時候，我讀到一句話：『如果你把每一天都當作生命中最後一天去生活，那麼有一天你會發現你是正確的。』這句話給我留下了深刻的印象。從那時開始，過了33年，我在每天早晨都會對著鏡子問自己：『如果今天是我生命中的最後一天，你會不會完成你今天想做的事情呢？』當答案連續多天是『No』的時候，我知道自己需要改變某些事情了。

「『記住你即將死去』是我一生中遇到的最重要的箴言。它為我指明了生命中重要的選擇。因為幾乎所有的事情，包括所有的榮譽、所有的驕傲、所有對難堪和失敗的恐懼，在死亡面前都會消失，我看到的是留下的真正重要的東西。你有時候會思考你將失去某些東西，『記住你即將死去』是我知道的避免這些想法的最好辦法。你已經赤身裸體了，你沒有理由不去跟隨自己內心的聲音。」

「記住你即將死去。」這條箴言幫助賈伯斯重新審視生命，做出了很多正確的選擇，讓他擁有了絢爛的一生。

在每一天的清晨，當你睜開雙眼，在開始新的一天之前，不妨也在腦海裡放映一下昨天的生活吧。如果昨天是你生命的最後一天，你是否充分利用了它呢？是否把每一分鐘都過得有價值了呢？如果給你一個回到昨天的機會，你會做哪些更有意義的事情？當然，生命中沒有第二次機會，失去的一天無法再來，不過，你還可以往前看，讓今天過得更充實，只要你能坦率真誠地去回憶、去反省，你就將得到無窮的希望和動力，從而在新的一天裡，堅定、坦然地向著目標前行，像明天就要死去一樣地生活。

如果明天即將死去，請你大聲地告訴你的愛人，告訴他（她）你是多麼愛他（她），同時將多年來困擾著你的氣憤和仇恨拋到腦後，絕不能讓它們繼續吞噬、腐蝕你的靈魂；如果明天即將死去，你必須找到那些你所愛的東西，你必須清楚什麼是使你堅定走下去的動力；如果明天即將死去，請不要繼續活在別人的觀念裡，要跟隨自己的心靈直覺，不要被教條所限制，那麼你的每一刻都會活得更有價值。

電影《一路玩到掛》裡，由傑克·尼克遜飾演的愛德華·佩里曼·科在大學上哲學課時曾做過一次作業：寫遺願清單。而當他真的站在生命的盡頭（他在66歲那年被送進醫院，並且被診斷為最多只有一年的生命）時，愛德華重新寫下自己的遺願，由此引發他與科爾（同時進入這家醫院，也被診斷為最多只有一年的生命）兩個垂死之人共同踏上冒險的旅程，去完成人生的夙願，如跳傘、為陌生人提供善意的幫助、與世界上最漂亮的女人親吻、到非洲大草原獵殺獅子、攀登珠穆朗瑪峰、遊覽中國長城、埃及金字塔等。對於他們而言，生命的脈搏永遠停息在明天，而他們也完全遵從著自己內心的願念，執著地過好每一個今天。

「像明天就要死去一樣生活」，不是迫使你每天盯著死亡戰戰兢兢、如履薄冰地生活，而是一種積極的人生態度。當你抱持著這樣一種態度生活，你會發現，每分每秒都是上天恩賜的禮物，彌足珍貴。就像一首歌裡唱的一樣：

想去哪裡？

想見到什麼？

你會向誰道歉，乞求誰的寬恕？

你會感謝誰？又會理解誰呢？
你會和誰一起分享你的快樂？
你會聆聽怎樣的音樂呢？
最後一次冒險，你又會做出怎樣的選擇？
你生命中最鍾愛的是什麼？
最讓你驚喜的又是什麼？
你生命的目的何在？你又會留下怎樣的遺產？
怎樣才算是你生命中完美的一天？

尼采：愛自己的命運，是對生活最真誠的擁抱

生活或平平淡淡、簡簡單單，或百轉千回、九曲回腸，但無論我們擁有的是怎樣的起起落落，生活都只有一個。生活如同一個對我們從一而終的女子，我們所應該做的就是盡自己的力量引導她、充實她，而無論她最終成了什麼樣子，我們都得愛她，給予她最真誠、最溫暖的擁抱。

「愛你的命運。」這是當年尼采所說的一句至理名言。愛自己的命運，這是對生活最真誠的擁抱。你擁抱命運中的花開花落、雲捲雲舒，擁抱命運中的風起雲湧、跌宕起伏，唯有如此，我們才受得了挫折，有一種守得雲開見明月的堅強勇氣和信念。

有一位年輕人好不容易在一個海上油田鑽井隊謀得一份工作，非常難得。為此他心中滿是歡喜，意欲好好幹，爭取有一番作為。

第一次在海上作業時，領班要求他在限定的時間內，登上幾十公尺高的鑽油台，將一個包裝盒子，交給最頂層的一名主管。

他小心翼翼地拿著盒子，快步登上狹窄的階梯，將盒子交給主管。主管接過盒子後只在上面簽了個名就又叫他在限定的時間內將盒子送回領班的手中。他不好說什麼，只好又快步跑下階梯，將

盒子交給領班。誰知道領班也是漫不經心地在盒子上面簽了個名，便又叫他送上去交給主管。他狐疑地看了領班一眼，但還是依照指示送了上去。

當他第二次爬到頂層的時候已是氣喘吁吁，誰知道主管仍舊默不作聲地在盒子上簽了個名，示意他再送下去。他心中雖然泛起了種種不悅，但還是忍住沒說，無奈地轉身拿起盒子又下樓送到了領班的手裡。領班還是不動聲色地在盒子上簽了名後又讓他再在限定的時間內爬樓梯把盒子交給主管。此時，他心中已經有一團無明火在燃燒，但是他瞪著領班強忍住不發作，抓起盒子就生氣地往上爬。當他第三次爬到頂層的時候，他全身都已被汗水浸濕。他餘怒未消地將盒子遞給主管，主管頭也不抬地說：「將盒子打開吧！」此時他再也忍不住滿腔怒火，重重地將盒子摔到地上，大聲地吼道：「老子不幹了！」

這時主管慢慢從位子上站了起來，拿起盒子打開，將盒子裡的香檳拿了出來，嘆了口氣對他說：「剛才你所做的一切，叫做極限考驗。我們在海上作業，隨時可能會遇到突發的狀況和危險，因此每一位隊員必須具備極強的體力和配合度，以面對各種考驗。前兩次你都順利過關，只差最後一步就可以通過測試，實在很可惜！你還是無法享受到自己辛苦帶上來的香檳，現在，請你離開！」

無法享受到這最美的香檳，是多麼遺憾的一件事。命運給予我們的考驗有時候恰是對我們的眷顧，是對我們委以重任前的預演，正如孟子所說：「天將降大任於斯人也，必先苦其心志，勞其筋骨，餓其體膚，空乏其身，行拂亂其所為，所以動心忍性，增益其所不能。」我們要以歡迎的態度來接受這些考驗，並告訴命運，「不管你給我什麼，我都接受，我會盡力用最佳的方式來面對」，而不是在無助中痛苦煩躁地忍受。

蘇格拉底說：「未經考驗的生活，是虛度一生。」作家拉比．艾力亞薩爾對此也看得很明白：「感謝上天賜予我那麼重的負擔，如果有一個人，擁有一頭強牛與一頭弱牛，那麼他會讓哪頭牛拉犁呢？當然是強牛。所以，神總是給有能力的人背負更重的負擔。」從這點上來看，我們就能夠理解美國著名作家皮爾博士的所作所為了——若是好一陣子沒碰到問題，他便會問：「上帝，你不再愛我了嗎？你為什麼不再給我一些挑戰和挫折呢？」

不論我們是遇到喜樂的事，還是苦痛的事，都應該心存感恩。喜悲都是命運給予我們的恩寵，猶如死亡一樣，是命運的一部分。有了它們，我們才能成長和成熟。

有一個人，在*21*歲時，做生意失敗；*22*歲時，角逐美國州議員落選；*24*歲時，做生意再度失敗；*27*歲時，一度精神崩潰；*34*歲時，角逐美國聯邦眾議員再度落選；*45*歲時，角逐美國聯邦參議員落選；*47*歲時，提名副總統落選；*49*歲時，角逐美國聯邦參議員再度落選。然而，就是這樣一個屢戰屢敗的人，卻在他*52*歲時，當選了美國第十六任總統！他就是林肯。

林肯的人生如此跌宕起伏，但是他從來沒有選擇過放棄。堅持，就是對生活最真誠的擁抱。用你快樂而執著的心來擁抱生活吧！你會發現生活是一首歌，你吟唱不完它的妙趣；生活是一首詩，你領略不完它的精彩意境。

魯迅：無緣無故耗費時間就是圖財害命

電視劇《戲說乾隆》的主題曲《問情》中有一句這樣的歌詞：「山川載不動太多悲哀，歲月經不起太長的等待。」世人皆知，時光不能倒流，歲月無法重來。如果人生只剩下最後一天，如果死亡正於近在咫尺的地方等候著你，你會不會為逝去的時光扼腕哀嘆？若生命只剩下最後一天，會有多少遺憾空留心間？

魯迅曾說：「時間就是生命，無緣無故地耗費別人的時間，和圖財害命沒有什麼兩樣。」的確，生命是由時間的一分一秒組成，時間的過去承載著生命的過去，時間的現在鑄就生命的現在，時間的未來也描繪了生命的未來。時光無法倒流，面對不斷流逝的歲月，我們只有時刻懷揣緊迫感和使命感，只爭朝夕，奮勇拚搏，才不會辜負歲月的饋贈與厚愛。若我們輕慢和懈怠了歲月，那麼我們必將被困頓於一事無成的境地，最終留下「白了少年頭，空悲切」的遺憾。

時光無法倒流，而那些珍惜時間的人，較之普通人往往都有一番更大的作為。

愛迪生一生只上過3個月的小學，但由於其母親對他的諒解與耐心的教導，使他自小就明白時光如流水一去不復返的道理，長大後成為舉世聞名的「發明大王」。

愛迪生在紐澤西州有一個自己的實驗室，他一生發明了電燈、電報機、留聲機、電影放映機、磁力析礦機、壓碎機等總計兩千餘種東西。正是他這種孜孜不倦充分利用每一分鐘埋頭鑽研的精神，才使他發明出如此之多的對人類生活和社會有深遠影響的事物。

愛迪生對他的助手說得最多的一句話就是：「浪費，最大的浪費莫過於浪費時間了。」因為「人生太短暫了，要多想辦法，用極少的時間做更多的事情」。

一天，愛迪生讓其助手測一個沒上燈口的空玻璃燈泡的容量。過了好半天，他問助手：「容量多少？」助手沒有回答他，手拿著軟尺還在測量燈泡的周長、斜度，並拿了測得的數字伏在桌上計算。愛迪生說：「時間，時間，怎麼費那麼多的時間呢？」愛迪生拿起那個空燈泡，將裡面斟滿水後交給助手，說：「把裡面的水倒在量杯裡，馬上告訴我它的容量。」助手立刻讀出了數字。

愛迪生說：「這是多麼容易的測量方法啊，又準確，又節省時間，你怎麼想不到呢？為何不多想想節省點時間呢？」助手的臉頓時紅了。

愛迪生喃喃地說：「人生太短暫了，太短暫了，要節省時間，多做事情啊！」

正因為愛迪生是個如此珍惜時間的人，今天，我們才能夠坐在寬敞明亮的屋子裡，對著電腦，或者工作，或者學習，或者娛樂。

試想，如若沒有當年的愛迪生，我們什麼時候才能用上電燈？如果沒有當年愛迪生的惜時如金，廣泛應用於人類生活的電話什麼時候才能走進人類文明的歷史？如果沒有當年愛迪生的惜時如金，今天的我們還是我們嗎？

時光無法倒流，而人生，多少人的人生，將從此不同！

我們熟知的魯迅先生也是一個非常珍惜時間的人，提及時間，其最讓人熟知的一點，就是他把別人喝咖啡以及閒暇聊天的時間都用在了工作和學習上。除此之外，魯迅還以各種各樣的方式來鞭策自己珍惜時間，以刻苦學習和工作。比如，在他的臥室兼書房裡掛著一副激勵自己珍惜時間的對聯，上聯是「望崦嵫而勿迫」（看見太陽落山了還不心裡焦急），下聯為「恐鵜鴂之先鳴」（怕的是一年又去，報春的杜鵑又早早啼叫）。另外，魯迅的書房牆上還掛著一張他最崇敬的日本老師藤野先生的照片。對此他在《朝花夕拾》中有過說明，即：「每當夜間疲倦，正想偷懶時，仰面在燈光中瞥見他黑瘦的面貌，似乎正要說出抑揚頓挫的話來，便使我忽又良心發現，而且增加勇氣了，於是點上一支菸，再繼續寫些為『正人君子』之流所深惡痛疾的文字。」正是因為養成了這種惜時如命的習慣，魯迅在他56年的生命旅途中著譯一千多萬字的作品，給後人留下了寶貴的文化遺產。

時光無法倒流，無論我們是少年還是青年，無論我們是風華正茂還是垂垂老矣，都請珍惜自己的每一寸時光，這時光就是流淌著的鮮活的生命。若是懶惰已成習慣，那不僅是慢性自殺，也必將導致你成為這個社會的遺棄分子，最終將生命無謂地消耗掉，從而走上自取滅亡的道路。

第六章 死亡：撬動生命的槓桿

羅曼·羅蘭：死的苦悶，是對強者猛烈的鞭撻

死亡作為一個有目共睹的事實，沒有人能否認它的必然性。很多時候，我們無暇思慮死亡，只在內心為自己圈出一塊牢籠，如鴕鳥將頭埋進沙子一般逃避死亡。然而，在喧囂的城市街頭、在肅穆的葬禮現場、在嘈雜的電視畫面中、在陰鬱苦悶的文字裡……死亡的存在與它的步步逼近的可怕陰影，籠罩在我們生活中每一寸美好的光陰上面，讓我們心頭的苦悶難以排遣。

忍氣吞聲從來不是智者行事操守的權杖。當我們浸溺在死亡造成的苦悶中無法自拔時，對死亡的思考便成了一件急迫的事。逃脫不掉的死，逼迫我們找尋這事件背後藏匿的真相。對死亡的思索意味著探尋和揭秘，更意味著大無畏的、意圖撥雲見日的抗爭！正如羅曼·羅蘭所言：「一切關於死

的苦悶，對於強者無異於猛烈的鞭撻，把求生的力量刺激得更活潑了。」

因患脊髓病，張海迪*5*歲的時候，胸部以下全部癱瘓，*10*歲以前她就動過*3*次大手術，徹底失去了站起來的可能。也許在很多人看來，若生命殘缺至此，不如皈依死亡，免受一生的痛苦。然而，她並沒有做一個生活的懦者，她擁有了更高於常人的生的力量，活出了自己獨到的人生。她雖然沒有機會走進校門，卻自學完中學課程，教書育人；她自學針灸，為鄉親們無償治療；她自學多門外語，翻譯出數十萬字的英語小說；她以常人難以想像的毅力從事文學創作，編著了《向天空敞開的視窗》、《生命的追問》、《輪椅上的夢》等書籍。

她的故事遠比上面列舉的多，對於跌入死亡苦悶泥潭的人們而言，她的生的行為無疑成了一種鞭撻，一支對生的欲望不息追尋的標竿。她說：「我要沉到我心底的海之中，我心底的海是深藍的，我要沉進去，不管外面怎麼樣，不管上面有多大的風浪，總有一天，我要藉由自己的努力，升上來的時候，我再一次浮出海面的時候，我會看見嶄新的太陽。」她的這種對生的強烈欲望促使她不斷創造出新的生的意義和價值。「過去的醫生有過預言，我可能沒有更長的生命，因為他們囑咐過我的父母，我要是得泌尿系統感染、肺部感染，或者是褥瘡，我會因為感染而死去，但是我沒有死，我給別人當醫生，也給自己當醫生。我*15*歲在農村的時候生了褥瘡，我自己晚上對著鏡子，點著小油燈，把自己身上潰爛的肉剪掉……」

正是她這種對生命的追問，讓她的身上閃耀著一種置之死地而後生的光芒，讓她即使在最艱難的時候也沒有放棄自己，永遠保持著對生活的激情和熱情。

這是一種向生而死的積極態度。死亡的消極性並不能抹殺人生的積極意義，一切的努力和追尋都是強者生命意志的體現。我們無法選擇生和死，但是可以選擇活得更精彩。

霍金在21歲時得知自己患上不治之症，很是消沉，當時醫生預測他最多只能活兩年，但兩年過後他的情況並不是非常糟糕。這時候他想到以前曾和自己住在同一個病房但第二天就死去了的男孩，似乎明白了什麼。在丟棄了疾病的痛苦和死亡的恐懼後，霍金果斷地「站了起來」，以堅強的意志力作為支撐繼續自己的研究，終於在理論物理學界贏得了輝煌的榮譽。1985年，穿氣管手術使他徹底失去了說話的能力，全身幾近癱瘓，但就是在這樣的情況下，他寫出了《時間簡史》，精彩地為世人解密時間與宇宙的玄秘和真實。

患病後，霍金曾有6次與死神擦肩而過，幸運的是，每一次他都頑強地活了下來。

一次，霍金演講結束後，一位女記者衝到演講台前問道：「病魔已將您永遠固定在輪椅上，您是否覺得命運讓你失去太多？」

當時他已經無法說話，且身體的很多部位都已經失去了機能，但是他臉上仍然充滿笑意。他用還能活動的3根手指艱難地敲出了以下文字：

我的手指還能活動；

我的大腦還能思維；

我有終生追求的理想；

我有愛我和我愛的親人和朋友……

對了，我還有一顆感恩的心！

病痛直接依偎著死亡，而這種苦悶並沒有將霍金擊倒，即使他的肉體並不生機勃勃，但他精神上的生氣足以令死亡自慚形穢。霍金的魅力不僅在於他是一個擁有傳奇人生的物理天才，也在於他是一個令人折服的生活強者。正如張海迪般，死亡的苦悶逼迫他們思考人生，而他們用自己殘缺的生命書寫著完美的人生篇章！

馬克．吐溫：讓勇氣大過恐懼

西元前399年，蘇格拉底平靜地飲下毒酒，從容離世，實踐了自己的哲學諾言。能夠如此不露聲色地接受死亡是我們大多數人都無法做到的。對死亡的恐懼似乎是人類與生俱來的天性，如同死是人類不可逃脫的「劫難」一樣。這恐懼埋藏在我們每個人心底，隨時做出一種蓄勢待發的姿態，趾高氣揚，把人們踩在腳下。

也許，人類恐懼死亡是有理由的。生命中的美好遍尋不盡，而屬於每個人的歲月卻如此的短暫。最初的夢想、最美的年華、最悸動的心跳、最執著的追逐……死亡會奪走我們心愛的這一切，毫不近人情。害怕失去，所以恐懼死亡。再者，死亡雖是不可逃脫的事實，但任何人都無法預知自己什麼時候會死。死亡無孔不入，而我們只能任其宰割。

哲學家波戈（美國漫畫家Walt Kelly作品中的靈魂人物）說：「恐懼會偷走你的生命力。」恐懼猶如西方傳說中的吸血鬼，你的生命力便是它賴以生存的血液。一旦為恐懼所主宰，你的生命力將會逐漸耗竭，而恐懼必將越來越壯大，遮天蔽日，帶給你無盡的黑暗。

勇氣與恐懼分別占據著蹺蹺板的兩端，呈此消彼長的態勢。如同恐懼的與生俱來，每個人的心底也都深藏著與生俱來的勇氣。這勇氣教會我們成長並分享生命賜予我們的歡樂和幸福，堅強地面對苦痛和災難；這勇氣讓我們的生命變得流光溢彩，讓我們內心充盈而坦蕩；也是這勇氣，讓生之所以為生，死之所以為死，讓恐懼無所遁形。

電影《最愛》講述了這樣一個故事：

因為賣血時濫用注射器而感染上熱病的一群山裡鄉親，被安排在村子邊緣的廢棄學校隔離區生活（其實在俗世的常人看來那不如叫等死）。也因為此，得意和琴琴雙雙被各自的配偶棄之門外。然而，被世俗的村族社會所拋棄的他們走到了一起，成全了彼此肉體和精神上的相互需要。

這時候，由對方賜予的直視死亡的勇氣讓他們不再恐懼，學會在生命的最後階段相互扶持，彼此依靠，笑談生死。勇氣教會他們頑強地生並執著地追尋愛情。他們突破重重困難，領了夢寐以求的結婚證書，把自己打扮成新人的樣子挨家挨戶地扔喜糖，只為了在死前勇敢地給愛情爭取一個名正言順的彩頭。

當得意熱病發作、全身發燙的時候，琴琴緊緊地摟著得意說話，甚至不顧自己的熱病跳進冷水缸為得意降溫。他們在死亡的邊緣頑強地掙扎，充滿著對生的渴求。此時的他們，已然全無對死亡的恐懼，而是慶幸當死神終於來臨的時候，彼此可以相互攙扶，踏出生命的力量。

生的勇氣戰勝死的恐懼，死亡就成了撬動生命的槓桿，人生便無所畏懼。死亡不過是終究要到來的節日，而生命卻是我們自己可以彈奏的交響樂。那奔騰跳躍的五線譜由我們自己演繹，我們有多大生的勇氣，歌唱就會有多大程度的婉轉、洪亮、清晰。恐懼只會扼殺我們創作偉大生命旋律的天性，讓生命怯怯懦懦，對其唯命是從。

馬克・吐溫說：「勇氣是對抗恐懼，主宰恐懼——而不是沒有恐懼。」改善與恐懼的關係，秘訣不在於毀掉恐懼，而是讓你的勇氣超過心中的恐懼，不論是對生的恐懼還是對死的恐懼。

那坐在陽臺邊要跳樓的人，如果想想他是由母親懷胎十月平安產下，繼而學會說話、唱歌、走路、蹦跳以及思想，他應該會覺得跳下去是他一生最愚蠢的決定。回頭勇敢地面對自己的生活，才不負他得到的寶貴生命。

所以，才有了這樣幽默的語句：「上帝把我放到地球上，是為了要我完成一定的工作。現在，我還落後太多，我永遠都不會死！」

永遠都不會死，這是何等的生的勇氣，是對恐懼的何等的蔑視！勇氣與恐懼的對決如此酣暢淋漓，以至於我們不得不為這生的勇氣、為這直面死亡的勇氣頂禮膜拜，因為這生是如此美好。

維根斯坦：生命之無限，有如視野之無限

生命的旋律總會有終止，死亡便是那最後的一個音節。但這就像滴水融入大海，並不意味著生命將以一種決絕的頹勢一去不回。毋庸置疑，生命的長度是有限的，然而，這有限的生命承載著諸多夢想和信念，而這夢想和信念教會我們如何在有限的生命裡拓展其無限的能量。正如英國哲學家維根斯坦所說：「我們生命之無限，有如我們視野之無限。」讓有限的生命延伸出無限的意義，有如視野的無涯，曠遠而博大。

泰戈爾說：「我們只有獻出生命，才能得到生命。」在時間的經度上，生命的點點滴滴就如從不回頭的海浪，前赴後繼地奔向海岸，然而，生命的分分秒秒又豈不似含苞待放的枝蕊，終將花團錦簇地迎接新生？獻出的生命被死神收歸，新生的生命為生命所擁有。

*1983*年，*88*歲的克里希那穆提在美國加利福尼亞州美麗的奧哈伊山谷度過了生命中最後的時光。每天清晨，他躺在自己別墅裡的床上，在剔除塵世人情的干擾後獨自對著答錄機口述，直到*3*年後與世長辭。這口述錄音中記錄的言論被整理成了《最後的日記》，成為他留給世界的最後話語。在這本書中，他一如既往地闡述了自己對一切生命的超乎尋常的敏感與細微感受，闡述了自己對詩意

的自然中個體生命的冥想，更展現了他在思慮死亡命題後的淡定和從容。沒有人會否認，他是20世紀最卓越、最偉大的靈性導師，凡是見過他的人，無不為他傾倒、折服。紀伯倫說：「當他進入我的屋內，我禁不住對自己說：『這絕對是菩薩無疑了。』」

而美國作家亨利．米勒也曾說：「克里希那穆提是我知道的唯一能完全摒棄自我的人，和他相識是人生最光榮的事！」他是一位慈悲而激進的智者，他以他對這個世界的透徹感悟來感悟我們，以其靈性的光輝照耀這世界。他留下60冊以上的空性流露的演講集和講話集，更重要的是，他留下來的是他的流動的思想、不滅的感悟。死神帶走的只是他的軀體，他的生命鮮活在文字中，青春在思想裡，永生於世人的心上。

大師的空靈懸於眾人之心，而佛陀的故事或許也能為我們點撥一二。

人們總是問佛陀：「佛死後都到哪裡去了呢？」佛陀總是微笑著，保持沉默。但這個問題一次又一次被提出來，於是佛陀對弟子說：「拿一支小蠟燭來，我會讓你們知道佛死後到哪裡去了。」

弟子急忙拿來蠟燭，佛陀說：「把蠟燭點亮，然後拿來靠近我，讓我看見蠟燭的光。」弟子把蠟燭拿到佛陀面前，還用手遮掩著，生怕火被風吹滅，但佛陀訓斥弟子說：「為什麼要遮掩呢？該滅的自然會滅，遮掩是沒有用的。就像死，同樣也是不可避免的。」

接著佛陀吹滅了蠟燭說：「有誰知道蠟燭的光到哪裡去了？它的火焰到哪裡去了？」弟子們你

看著我，我看著你，誰也說不出來。

佛陀說：「佛死就如蠟燭熄滅，蠟燭的光到什麼地方去了，佛死了也就到什麼地方去了。和火焰熄滅一樣道理，佛死了，他也消滅了。他是整體的一部分，他和整體共存亡。」

俗語說：「人死如燈滅」，佛的生死亦如這飄忽的燭光，圓寂之後，一片寧靜。但這蠟燭的光在熄滅前就已照亮了黑暗，指引了夜行的路人，給予他們前行的勇氣和希望。佛是整體的一部分，與其說他消亡在整體中，不如說他與整體共生了。蠟燭的光輝映入眼簾，照亮黑暗，佛陀的言傳身教亦會解釋生命的真意；他們的光芒並未投靠黑暗，而是在人們的心中得到了無限的延續。

對於每個生命個體而言，在生命的有限長度裡實現無限傳承的生命意義才是最值得我們為之去奮鬥的。一以貫之的人類思想和行動在口耳相傳中被繼承、穩固，成為流淌在每個人血液中的遺傳因子。你繼承了生命，創造了生命，讓生命的不滅薪火相傳。即使有一天那代代相傳的血液停止了流淌，我們也無須擔心，因這生命的光輝早已經溢到別處，為他人拾得，見證，再一次，薪火相傳。

生命由此從有限走向了無限，從蠻荒走向了文明，從個體一生的短暫走向了整體世界的永恆。

查理．狄更斯：死亡讓我們越來越接近起點

「我是環繞著一個圓圈而行的，越接近終點也就越接近起點。這好像是人生的一種慈惠的安慰和安排。現在，我動心於許多久已沉睡的紀念，想起我的年輕美麗的母親（而現在我是這樣老了！），而且我動心於當我天真無邪、昧於所謂世故的時代的種種聯想。」

正如狄更斯所言，人生的路就是圍繞著一個圓圈而行的。當你懵懂而又興奮地踏離起點，一路艱辛跋涉，一路顛沛流離，終於走到自己生命的終點時，驀然發現，自己原來就站在先前的起點旁邊。

人生的起點與終點有頗多的相似，比如，剛出生的時候你說不出話，而當你邁向人生終點即死亡的時候，許多話亦難以說出口。此外，中國有越活越回去的說法，說的就是年老的人少了年輕時和中年時的嚴厲，顯得慈祥萬分，接近生命終點的人重拾童真，便可以和小孫子玩成一片，形成一個近似完美的圓圈。

當查理．狄更斯說出文章首段話的時候，也許他正在回顧自己這輩子別人無法想見的磨難和經歷，當一切隨著歲月的奔流接近生命的終點，孩提時的純真和年輕母親的關愛卻又浮現在眼前。起點了無牽掛的單純與終點飽經滄桑的微笑將這生命的圓圈銜接，成全了自身的圓滿。如果不是將要

投入死神的懷抱，有多少人會停下自己的腳步，拾一隅時光，懷念起點的美好？

死亡促使人沉思，促使人回溯生命的長河，探求起點的生命意義。

電影《送行者—禮儀師的樂章》中，各種角色在相繼走向死亡的時候，與死者關係最密切的人終於回想起曾經那麼多的事情沒有做，那麼多的愛還沒來得及說。為何當初不多點包容，少一點謾罵？為何當初不多一些溫柔，少一些強硬？

對此，一位網友寫下了這樣一段話：

「當那個強硬的丈夫……一言不發地望著他們打扮那個美麗的女人直到放進棺材，少見地軟弱下來哭著對他們說『這是他妻子最美麗的一次』的時候，我哭了，因為我體會到為什麼人們總是吝嗇著讚美的話語直至品嘗到失去的悲痛。當澡堂的女老闆逝去，和她一直做伴的殯儀館管火化的老人說『逝去並不是終結，而是超越，走向下一程』時，我哭了，因為老人家堅持了自己，完完整整地充實地過完了一生。當那個滿臉印著口紅印的老爺爺離去的時候，我哭了，因為他過於幸福地走了。當那個不良少女的母親說著『不對，這不是我的女兒』，並且指著女兒乖巧的遺照大聲喊著『這才是我的女兒』的時候，我哭了，因為這個母親連想要向自己的女兒彌補養育失責的罪過的機會都沒有了。當影片最後，大悟給拋棄自己的父親入殮的時候，我哭了，我看見大悟小時候和父親交換的那塊光滑的石頭被緊緊地攢握在死去的父親手心中時，我淚如雨下。當大悟哭著給父親入殮並且父親的形象在腦海中漸漸清晰的時候，我心酸到無以復加。」

死亡，讓我們回想起曾經的美好；也是死亡，讓我們放下猜忌、狐疑以及所謂的面子，讓我們拋卻算計，去尋找生命本真的面容。像一座雕像般冷冰冰地堅持自己到最後的人，當連跟死去的人說聲對不起的機會都沒有的時候，這所有的餘生，也注定是清冷而孤獨的夜了。來不及的感謝，從未說出的道歉，都化作了風，化作了淚，化作了天外的彩霞，在自己的生命終點處，遙望著曾經的芳華，濁淚如雨而下。

生命的終結本該美好，生與死本不應是個界限而應是個握手式的言好，不要讓誤會與嘈雜阻擋了起點與終點之間這坦誠的照面。珍惜起點的美好，善待終點的宿命，只為不留遺憾。

叔本華：死，真正激起了靈感

死亡是人類無法避開的命題。在現實生活中，死亡幾乎無處不在。然而叔本華認為，「死真正激起了靈感」。這反映到藝術作品創作上來，便是創作者死亡意識的展現。創作者所創作的作品在對死亡的直面、認同乃至超越中，傳達著他們對生的強烈關注和熱愛。而作品中對死亡場景與死亡意象的描述和表達可以展現出創作者對死亡的審美觀照力。由死亡激起創作靈感，並不僅僅是在作品中表現死亡的場景或者對死生的關注，而更可能有對死亡之外的事物或現象的描述和思索。

1902年11月23日，泰戈爾的妻子因重病去世。泰戈爾和他的妻子是按傳統習俗結合的，並非由愛情而來。他的妻子既不漂亮，也沒有文化，而且比泰戈爾小12歲，但是，她慢慢地成長著，以無限虔誠的感情操持家務，並高興地把丈夫的理想看成自己的理想，竭力支持丈夫寫作（泰戈爾還為此作了一首名為《作者》的詩，收錄在《新月集》中，從中我們可以看出泰戈爾對妻子的愧疚）。

他的妻子後來不僅掌握了孟加拉語，還學會了英語和梵語，並演出了泰戈爾創作的戲劇《國王和王后》。在她患病期間，泰戈爾晝夜細心看護她整整兩個月。他為自己年輕的妻子緩緩地搖著扇子，甚至通宵達旦地在陽臺上踱來踱去，並嚴禁家人打擾。像往常一樣，他這次悲痛的感情也反映在詩歌裡，並在後來以小詩集的形式出版。在這些詩歌裡，泰戈爾痛苦的真摯感情強烈地表現在痛徹感上——一種無法補償而又每天感受到的損失，那種情感吞噬著他的整個身心。

隱藏著的悲哀比表現在外的悲哀更具有力量。極少有人知道，泰戈爾那些充滿真摯快樂的詩歌是在巨大的沮喪和思索中寫成的。在妻子去世幾個月後，他第二個女兒萊努迦患了重病，泰戈爾不得不帶著她和自己最小的兩個孩子去外地換換空氣。他得照顧他們三個，並且不得不隱藏自己的痛苦和悲哀，注意地傾聽孩子們的談話，從他們小小的話題中汲取樂趣。這就是那本在捷克教授萊斯尼看來是世界文學上無與倫比的兒童詩集《兒童》的誕生過程。

1903 年 *9* 月，*13* 歲的萊努迦也死了（《新月集》中的《呼喚The Recall》或許就是紀念她的）。*4* 個月後泰戈爾的詩人朋友薩迪什．拉易染上了天花，猝然死去。一年後，泰戈爾的老父親也去世了。*1907* 年 *11* 月，他最小的兒子突然患上霍亂死去，時年 *13* 歲……

泰戈爾的家庭遭受了幾乎毀滅性的打擊，而對死亡的理解、對親人的懷念以及傷痛都融入了他的詩歌，轉化為對他們深沉的愛，永告世人。

除了經歷家人或朋友的死亡而產生創作靈感，有時候，創作者自身的死亡經歷也讓其作品帶上了更為深刻的藝術性。

著名短篇小說家凱薩琳．曼斯菲爾德的一生都伴隨著深重的孤獨，而孤獨與死亡也成為她的作品探討的主要命題。她生於 *1888* 年的紐西蘭，*1906* 年 *10* 月，曼斯菲爾德完成學業，被父母帶回威靈頓。

在威靈頓的那段時間裡，她內心的孤獨開始顯露出來。1908年8月她重返倫敦，但之後不久她就飽嘗了生活的辛酸。此外，情感婚姻的巨大不幸再加上身居異鄉的流落感，使她的孤獨與日俱增。1912年，她遇到了約翰．米德爾頓．莫里，兩人漸漸墜入愛河，不久就生活在一起。在與莫里共同生活期間，她享受到了作為女人的幸福與快樂，不過「兩人雖然情深意篤，卻也互有保留節制，每人都有大片不容對方逾越的領地」，「彼此之間並無絕對的信任」。1914～1918年，她痼疾纏身，為了尋求治療，不得不經常與莫里分居兩地。1917年她得知自己患了肺癆之後，情緒變得越來越壞，經常拿陪伴在身邊的艾達出氣，也常常懷疑莫里想擺脫她，希望她死。她始終為孤獨和死亡所困擾……

正如作家希德．克納爾所說：「雖然任何一個作家的重要性最終都必須依其作品來評價，但對於凱薩琳．曼斯菲爾德來說，對她個人生活事件的瞭解是與對她小說的瞭解相關的，因為她的生活形式與她的小說格調密切相關。」

親眼所見，親耳所聞甚至親身經歷的死亡讓體驗者感受到深入骨髓的疼痛，且這感覺曠日持久。也許是作為一種排遣，他們把這種感受寫入作品中，在這種情況下寫出來的作品往往都有種非常真摯的體悟，因此可以說，死亡激發了創作者的靈感。

第七章　超越生死——獨與天地精神往來

斯賓諾莎：自由的人絕少想到死亡

「自由的人最少想到死，他們的智慧不是關於死的默念，而是對於生的沉思。」*17*世紀的荷蘭哲學家斯賓諾莎認為，如果一個人總是受制於外，那麼他必將始終處於被奴役狀態，只有和自然達成一致，與天地共往來，才能擺脫外在因素的約束，克服恐懼，獲得相對的自由。所以，真正自由的人，關注的不是終有一死的苦悶，而是如何生得精彩。

在這一點上，史鐵生毫無疑問是當代中國最令人敬佩的作家之一。他體驗到的是生命的苦難，表達出的卻是存在的明朗和歡樂，他睿智的言辭，照亮了人們日益幽暗的內心。他的作品風格清新、溫馨，富有哲理和幽默感。在他的作品中，我們常常看到他思考著生與死、殘缺與愛情、苦難與信仰、寫作與藝術等重大問題，並解答了「我」如何在場、如何活出意義來這些普遍性的精神難題。史鐵生是個對生活和生命有著絕對思考力的人，他雖然居住在自己的內心，但仍苦苦追索人之為人的價值和光輝，仍堅定地向存在的荒涼地帶進發，堅定地與未明事物抗爭。這種勇氣和執著，深深地喚起了我們對自身所處境遇的警醒和關懷。

史鐵生多年中與疾病頑強地抗爭，創作出大量優秀的、廣為人知的文學作品。他為人低調，嚴於律己，品德高尚，是作家中的楷模。*2010* 年 *12* 月 *31* 日凌晨 *3* 點 *46* 分，史鐵生因突發腦出血在北京宣武醫院搶救無效去世。根據其生前遺願，他的脊椎、大腦將捐給醫學研究；他的肝臟將捐給有需要的患者。

史鐵生的作品中，很多有哲理性的文字廣為流傳，字裡行間透著他對生命的思考。例如，「微笑著，去唱生活的歌謠。不要抱怨生活給予了太多的磨難，不必抱怨生命中有太多的曲折。大海如果失去了巨浪的翻滾，就會失去雄渾；沙漠如果失去了飛沙的狂舞，就會失去壯觀；人生如果僅去求得兩點一線的一帆風順，生命也就失去了存在的魅力。」又如，「人生如夢。生命從無到有，又從有走向無，生生死死，構成社會和世界。從人生無常這一點來說，人生有如夢幻。因此，一個人只有活得有聲有色、有滋有味，才不枉到這世界上走一回。」

「浮生若夢」，從生命的短暫性來說，人生的確是一場夢。因此如何提高生活的品質，怎樣活得有意義，便成了人們的永久話題；「青山依舊在，幾度夕陽紅」，與永恆的自然相比，人生不過是一場夢。史鐵生對生的思考發人深省，見解獨特，往往富有一種積極的催人向上的力量。但是，對於死，史鐵生同樣抱著樂觀豁達的態度，而我們從他的豁達裡可以想見他對人生抱有多麼大的勇氣！

在這裡，還要提到另一位對生積極思考的人，他便是古羅馬寫就《沉思錄》的唯一一位哲學家皇帝馬可．奧理略。這本記述他自己與自己的對話的書大部分都是他在鞍馬勞頓中所寫，卻成了斯多葛派哲學的一個里程碑。《沉思錄》主要寫的是作者對身羈宮廷的自身和自己所處的混亂世界的感受，並表達了自己試圖追求一種擺脫了激情和欲望、冷靜而達觀的生活的強烈願望。馬可．奧理略對生命的積極思考在書中體現於對靈魂與死亡關係的探討，個人的德行、個人的解脫以及個人對社會的責任等方面的思考。他所追求以及提醒世人的是，要常常自省以達到內心的平靜，要摒棄一切無用和瑣屑的思想，要正直地思考。而且，不僅要思考善、思考光明磊落的事情，還要將思考的結果付諸行動。

身居鬧市，卻能在生命的長河中對生的意義及價值等不斷地作觸及靈魂的思考，這是一種思想的馳騁和遨遊。這種馳騁和遨遊無疑體現的是一種精神上的追逐性的自由。

莊子：死亡是一場自由之旅

生與死永遠是人生最具主宰意義的兩大命題。死亡猶如詭秘的幽靈，常常在我們不經意的時候來一次突襲。然而，也許本就是宿命，那些我們愈是懼怕的，愈會時不時地造訪我們的生活，讓我們內心充斥著無法排遣的緊張和畏懼。

然而，死亡的真正面目也許並不如我們想像中那般猙獰。既然它具有如此強大的不可逆性，那麼我們何不如莊子一般放下這無從開始的畏懼，將死亡策劃成一場不羈的自由之旅？

莊子的結髮妻子離開了人世，惠子到他家弔唁，可是這時莊子不僅沒有哀悼，反而坐在地上「鼓盆而歌」。

惠子看到後很生氣，覺得莊子太不重夫妻之情了，於是質問莊子：「你妻子為你操持家務、生兒育女，一輩子前前後後為你做了多少事？現在人走了，你不哭也就算了，卻還唱歌。你不覺得自己這樣做太過分了嗎？」

莊子淡淡地對惠子說：「不是這樣的啊！她剛走的時候，我心裡怎麼能不難受呢？但是我後來一直在想，從源頭上考慮了這個問題。人都是有生命的，但是你有沒有想過生命是怎麼形成的呢？在天地之間，若有若無之際，聚起來一股氣息，氣息逐漸變成形體，形體又孕育出生命，人就是這樣來的。現在生命又走向死亡，跟春夏秋冬四季的更迭變化一樣，這生老病死不也是常態嗎？現在我的妻子也循著這條路回去了，此時此刻她在天地之間安安靜靜、踏踏實實地睡著了。如果我在這裡哭哭啼啼，不是讓她睡不安寧，不是太不懂生命的真諦了嗎？」

莊子的達觀是真正意義上的對於生和死的超脫，在他的眼中，死亡是通往自由的必經之路。不論是心存畏懼的摒棄或逃避，還是充滿悲傷的無盡哭泣，都不過是未懂得生與死之真諦的躊躇。

因為患有嚴重的胃潰瘍，艾爾．漢里不得不長期住院以接受治療，但即使這樣，他的病也依然沒有什麼起色。在日復一日的住院過程中，艾爾．漢里突然想起，自己以前最大的夢想就是周遊世界，只可惜一直沒有實現。這時醫生告訴艾爾．漢里可能他時日不多了，於是靠吃流食艱難對抗病魔的艾爾．漢里便想在最後的時間裡完成自己的願望。他買了一副棺材，拋棄了所有後顧之憂，毅然上路了。在此之前他已經和輪船公司商量好，如果他在船上去世，就把他的屍體放在棺材裡拋進大海。

但是，從艾爾．漢里開始實踐自己夢想的第一天開始，奇蹟就慢慢出現了。首先是漢里感覺自己心情好了很多，不久，他不僅能吃任何食物，甚至還可以抽菸、喝酒，就好像他從來沒有得過胃潰瘍，一直是一個非常健康的人一樣。事實上，他自己也幾乎忘記了自己的病情。周遊世界的旅行繼續著，可他已經很長時間都不再吃藥了。經過幾個月的航行，艾爾．漢里竟然奇蹟般地恢復了健康。

當他旅行結束返回時，他的體重由原來的*41*公斤增加到*82*公斤，嚴重的胃潰瘍也已經不治而癒了。

艾爾．漢里對死亡的超脫性頓悟與莊子的逍遙派思想有著異曲同工之妙。在現實生活中，他們都勇敢而智慧地看破了生與死的種種窘困，在永恆生命的引領下達到了逍遙遊的境界。

總歸而言，生命本就是一次從生走向死的旅程，這一路的風景，被我們招至麾下。死亡等候在生命盡頭，隨時準備吹響迎接的號角。生命的自由難道可以缺少死亡嗎？如同莊子所言，這生老病死不就是跟春夏秋冬四季變化一樣嗎？生亦如此，死亦如此，是故不如左手生命，右手死亡，一起來一場曠日豪情般的自由之旅吧。

蒙田：對死亡的熟思，即對自由的沉思

「對死亡的熟思也就是對自由的沉思。誰學會了直面死亡，誰就不再被奴役，就能無視一切束縛和強制。誰真正懂得失去生命並不是件壞事時，誰就能坦然對待生活中的任何事。」

蒙田通達的生死觀道破了死亡與自由的相關性。死亡對逃避它的人而言意味著本能的恐懼，而這恐懼讓死亡顯得迷霧重重，迷霧裡的事全然不可知。而當你靜下心來，勇敢地約上死亡，在沁心的茶香裡來一場心靈的對話時，你會有一種守得雲開見月明的徹悟。這種徹悟讓你不再糾結瑣碎，而是向著超越的層面尋找自由。

這種徹悟，你可以在莊子對死亡的態度中體會到。

莊子快要死的時候，他的學生聚在一起商量，「如果老師真的死了，我們一定要厚葬他。」

莊子知道後，便把學生們都叫了過來，說：「我死了以後，要『以天地為棺槨，以日月為連璧，星辰為珠璣，萬物為齎送』。」意思是這廣大天地就是他的棺材，日月星辰就是他陪葬的珠寶，天下萬物就是送他的禮物。

莊子想告訴學生，不要搞什麼厚葬，他連棺材都不要，更不要陪葬，不要禮物，學生們就直接把他扔在曠野裡交給天地自然就行了。

學生們聽了之後顯然很為難，想來想去，還是又勸起莊子來，說：「老師啊，要是果真這樣，那烏鴉、老鷹什麼的肯定就把你吃了，還是做個棺材埋在地下吧。」

莊子說：「把我放曠野裡，烏鴉、老鷹要吃我；把我埋在地下，那些螞蟻也要吃我。你們搶下烏鴉、老鷹的口糧，餵給地下的螞蟻吃，幹嘛這麼偏心呢？」

形體歸於天地，生死歸於自然。莊子的生死觀超然而豁達，有一種無盡的自由灑脫之感。而這種觀念的形成，是其長年累月地對生死熟思後冥悟的結晶。

然而大多數人仍然畏懼死亡，平時又忙得根本沒有多餘的時間來思索這似乎很遙遠的事。事實上，如果我們能夠認真地看待這件事，很快就會覺得，這事並非那麼不通人情。

為了弄清楚面對死亡時人們究竟會做出怎樣的心理抉擇，肯塔基大學的心理學家德沃爾和佛羅里達州立大學的羅伊·鮑梅斯特在432名志願者中進行了一連串測試。

實驗分為兩個小組，其中一半人被告知，如果正走向死亡，請簡短地寫出將發生什麼；另一半人則被要求寫出牙痛的感覺。結果顯示，前一組志願者寫出來的詞更加積極、樂觀，儘管有些人可能只是出於下意識。事實上，當志願者們一開始想到死亡時，心中可能有一些害怕，但他們馬上就會恢復過來，並意識到現在生活帶來的快樂。

哈佛大學的心理學教授丹尼爾·吉伯特也證實了這一觀點。他認為，人和其他動物的不同在於人能意識到自己隨時都可能離世。如果將這種意識融入日常生活中，我們就可能形成心理免疫反應，從而變得更加堅強。

這一觀點說明了思考死亡對於生活所具有的積極意義。當大多數人被突如其來的死亡逼上生命的絕路時，心理免疫反應就極有可能產生。而當你一次次地從被動面對轉變成主動沉思時，你的內心對死亡的理解必將越來越清晰，而一旦心中無所羈絆，自由也便翩然而至。

索甲仁波切：放下——通往真正自由的道路

俗語云：「人生在世，應該做到拿得起放得下。」可是，說起來容易，真正要做到這點委實不易。自己喜愛的固然放不下，自己不喜愛的也放不下，因此，人生總是無法得到解脫與自在。

「放下」在一般人看來似乎是消極的行為，甚至等於「失去」，但如果你對此多加思索，就會發現，情況實際上恰恰相反。我們只有放下，才能消除一切的愛憎，真正做到心如止水。由此看來，我們放下的是俗世的煩惱，拾起的是內心的解脫和自由。

四祖優波鞠多尊者是一位容貌端正聰慧善辯的人。有一天一位修行人向他求法，他說：「你要求法，很好，那麼我說什麼你都要照做。」

這位行者回答：「我既然來向您求法，一定會遵從您的吩咐。」

於是，尊者幻現了一座懸崖，在懸崖的頂端聳立著一棵大樹，大樹下又幻化出了一個又深又廣的大坑，要行者爬上樹去。行者爬上去之後，手腳緊緊地抱著樹幹。

尊者說：「把兩腳放下。」行者把雙腳放了。

「左手放下。」左手也放了。

「右手放下。」

行者抗議道：「不行啊，放了就會跌到坑中而死啊！」

尊者說：「你不是答應聽我的話嗎？要求法，就要相信我的話。」

此時，行者右手一放，安然無恙。樹和坑都不過是尊者用來迷惑行者的幻象而已。行者鬆開了右手，也就放下了心中的執著，當下即證得阿羅漢果。

這故事亦可以作此種解讀。如果尊者提供的並非幻境，那麼，我們也可以認為，求法者心中的執著不過是鏡花水月、海市蜃樓。如欲求得真經，此等執著必須果斷地放下。

細細想來，對生與死的執著不也是如此嗎？死亡是大多數人並不喜歡的，但是，有多少人能夠做到放下它來求得生，求得通往心靈自由國度的幸福之路？

有一位非常了不起的登山者不用氧氣就成功登上了世界最高峰——珠穆朗瑪峰。當他下山後，人們紛紛詢問他不用氧氣成功登頂的秘密。他說：「大家應該都知道，大腦是一個重要的耗氧源。當各種思想在大腦中相互撞擊時，要消耗我們吸入全部氧氣的40％。為了盡可能減少對氧氣的消耗，我的腦子裡始終只有向前走這一個念頭，至於其他的任何想法我都堅決不讓它們走進我的腦海。這樣，我就沒有了任何的雜念，既放下了一個背在身上的巨大心理包袱，又消耗了最少的氧氣，從而登上了頂峰。」

登山者的話簡單而樸實，卻道出了一個真理——放得下才能向前走，到達成功的巔峰！這也印證了百丈禪師對於如何成佛的回答：「放下！放下你的一切執著於成佛的念頭，放下你的總是執著於成佛的那顆心。」

老子說過：「放下即自在。」隨著歲月的老去，我們的心也逐漸裝滿了痛苦、孤獨、悲傷和淚水。所有的這些情愫讓我們的心靈背負日漸沉重，與此同時，我們對自然生活的渴望程度也日漸強烈。這就要求我們在追求自然中的自由時必須收拾一下自己的心靈，及時果斷地清理掉那些拖累我們尋求自由生活的包袱，重拾天地之道。放下，才能求得真實的自在。放下，並不是放棄而是一種生活的智慧，是一種歷經百轉千回之後的坦然，是一份張弛的大度，一盞徹悟的佛燈，一顆通靈的澄澈之心。

放下生與死的追逐，做到心中無憎亦無愛，達到「心無掛礙，無掛礙故，無有恐怖，遠離顛倒夢想，究竟涅槃」的無我之境，我們便走上了通往自由的正軌。一如索甲仁波切在《西藏生死書》中所說：「雖然我們一直認為如果放下，就會一無所有，但生命本身卻再三透露相反的資訊：放下是通往真正自由的道路。」

史蒂夫・賈伯斯：死亡，將舊的清除，為自由讓路

生命無時無刻不在接近死亡。人生中的每一個今天都在成為明天的昨天，每一天都在成為回憶，成為單行道上不能回頭的疾馳之車。叔本華說：「生命不過是即刻消逝的瞬間。」

如若我們只思慮到此，那未免太過於悲觀。事實上，生命的每一次逝去都可以被看作是不斷死亡的過程。賈伯斯曾說：「死亡就是生命中最好的一個發明，它將舊的清除以便給新的讓路。你們現在是新的，但是從現在開始不久以後，你們將會逐漸變成舊的，然後被清除。」如此想來，我們每天，甚至每時每刻都在迎接新的生命，而在這新的生命中，對自由的追逐將始終充滿著豪邁的激情和動力。死亡幫我們打點行裝以及被我們拋在身後的時光，鞠躬盡瘁，死而後已。我們唯一要做的，便是向前，再向前，只為今生尋找到真正的自由女神。

魯迅在《死》這篇文章裡，寫了7條「給親屬」的遺言：

一、不得因為喪事，收受任何人的一文錢——但老朋友的，不在此例。

二、趕快收斂，埋掉，拉倒。

三、不要做任何關於紀念的事情。

四、忘記我，管自己生活。——倘不，那就真是糊塗蟲。

五、孩子長大，倘無才能，可尋點小事情過活，萬不可去做空頭文學家或美術家。

六、別人應許給你的事物，不可當真。

七、損著別人的牙眼，卻反對報復，主張寬容的人，萬勿和他接近。

魯迅先生一生都在與傳統的陋習抗爭，在為自由的爭取而搏鬥。在遺囑中，他宣佈死後「趕緊收斂，拉倒」，這正是身體力行他在五四時期也是終生一以貫之的「幼者、弱者、生者本位」的信念與追求，是對中國「長者、死者本位」的傳統觀念的挑戰。他曾說中國有一個最大的問題，那就是老年人總要「占盡了少年的道路，吸盡了少年的空氣」，不給少年人生存的空間。這與中國傳統觀念中希望老人長壽，最好永遠不死的觀念是背道而馳的。魯迅先生所哀嘆的，是當時生存空間無比擁擠造成的民族生命機體的嚴重梗塞症狀。所以，「在他看來，要改變這種不正常、不健康的生存狀態，就得反傳統之道而行之：老的應該高高興興地死去，年輕的應該高高興興地活著，『老的讓開道，催促著，獎勵著，讓他們走去。路上有深淵，便用那個死填平了，讓他們走去。』」

死亡無疑可以幫我們將舊的老的清除，而讓更有生命力的新的年輕的上位。對自由的追尋必定是要死亡做勤奮的鋪路工，馬不停蹄地為這生命中的燦爛繁華做永遠的侍者。

第八章　愛是我們唯一的救助

威塞爾：生命的反面不是死亡，是冷漠

2011年10月13日，廣東佛山兩歲女童悅悅連遭兩車輾過，司機逃逸，其間有十多名路人先後經過，卻視而不見。最後，一名拾荒阿婆施以援手將孩子抱起並找到她的媽媽。2011年10月21日，小悅悅經醫院全力搶救無效，在零時32分離世。

兩歲的女孩，還沒來得及鮮花盛開，還未閱讀世間繁華，卻慘遭兩次輾壓，十多名路人見死不救……也許直到死，她也不明白究竟發生了什麼。猶太作家埃利・威塞爾曾說：「生命的反面不是死亡，是冷漠。」而站在道德制高點上義憤填膺的我們，何嘗不是指責著他人卻放過自己？我們真真切切地在那十多名路人身上看到了自身的冷漠，所以恐慌了？懼怕了？我們表現出的痛苦相當可

疑，我們的咒罵缺乏內在的力量，我們對生命缺乏起碼的敬畏和關愛。小悅悅走了，我們卻遠未解脫，作為看客的我們何其類似於劊子手。但願天堂裡沒有車來車往，也沒有冷漠的行人。

另一位湖南青年，在珠海街頭挺身而出與搶劫犯殊死搏鬥，卻被搶劫犯圍攻毒打兩個多小時。當時圍觀的市民有一百多人，如垛如堵，人人都希望別人行俠仗義，卻個個害怕惹禍上身，竟無一人施以援手，甚至在該青年被活活打死後，也沒有人願意出面證明其義舉。

再看看自然界裡的動物們吧，母駱駝為了讓將渴死的小駱駝喝到搆不著的水而縱身跳進潭中；老羚羊為了讓小羚羊們逃生而一隻 接著一隻跳向懸崖，使小羚羊能在牠們即將下墜的剎那以牠們為跳板跳到對面的山頭上去。面對這樣的情景，我們這些自以為掌握了最高文明的人類，情何以堪？

原來，在生命面前，冷漠才是最大的殺手，它面無表情地刺殺人類善良的本能。我們必須明白，一個有愛的社會才能是和諧的社會，沒有愛，就算法律再健全也只會造成強迫和抵觸。因此，我們在反思法制漏洞的同時，更需要挽救的，是我們那病入膏肓的冷漠靈魂。

波蘭詩人亞辛斯基說：「不要恐懼你的敵人，他們頂多殺死你；不要恐懼你的朋友，他們頂多出賣你。但要知道有一群漠不關心的人們，只有在他們不作聲的默許下，這個世界才會有殺戮和背叛。」我們害怕死亡，但更令人恐懼的是冷漠，它會帶來比死亡更難料更震撼的毀滅，它將讓這個繁花似錦的世界寸草不生、災難橫行。我們以為自己的冷漠至少保護了自己，但事實上，我們終究會遭到反噬。

據說弘一法師在圓寂前，再三叮囑弟子把他的遺體裝龕時，在龕的四個腳下各墊上一個碗，碗中裝水，以免螞蟻蟲子爬上遺體後在火化時被無辜燒死。在死亡面前，弘一法師給予弱小生命深深的關愛和敬畏，這是對生命的無限尊重。

史鐵生在《我與地壇》中寫道：「蜂兒如一朵小霧穩穩地停在半空；螞蟻搖頭晃腦捋著觸鬚，猛然間想透了什麼，轉身疾行而去；瓢蟲爬得不耐煩了，累了祈禱一回便支開翅膀，忽悠一下升空了；樹幹上留著一只蟬蛻，寂寞如一間空屋；露水在草葉上滾動，聚集，壓彎了草葉轟然墜地摔開萬道金光。」在這些小生靈忙碌而又謹慎的生活中，史鐵生感悟到生之可貴，於是，敬畏生命的思想在他的心中驀然產生。我們只有足夠尊重生命，死亡與生命的光輝才能交相輝映，這世界才會在我們面前呈現出它的無限生機，我們才會時時處處感受到生命的高貴與美麗。如地上搬家躲雨的小螞蟻，春日枝頭鳴唱的鳥兒，高原雪山腳下奔跑的羚羊，大海中游弋的鯨魚，等等，無不豐富了生命世界的底蘊。這是生的喜悅，這是生的溫暖與美好。

但願有一天，我們不用慶幸著佛山還有位拾荒的阿婆，替我們守住這個氣若遊絲的生命，更替我們守住道德底線。

阿卡德：若死亡是毒，愛即是解藥

生命的消逝，是人類文明永恆的斯芬克斯之謎，亦是我們一直奮力頑抗的恐懼。《挪威的森林》寫道：「當你真的面對死亡，無論諳熟怎樣的真理，也無以解除所愛之人的死帶來的悲哀。無論怎樣的哲理，怎樣的真誠，怎樣的堅韌，怎樣的柔情，也無以排遣這種悲哀。」然而，若死亡是毒，那麼解藥就是愛。如果不願悲傷地活著，自救的方法不是忘卻恐懼，而是敞開的心靈與給予愛的能力。

埃及作家阿卡德說：「死亡之毒的解藥是愛，不過在死亡的無處不在和神通無限的角色被接受之前，在我們學會『與死神共舞』之前，愛將繼續被看作是某種僅適合於羅曼蒂克的東西。」也就是說，只有在你充分認識到死亡的不可避免性以及學會接受死亡之後，愛才會被你重新認識。愛不僅僅是浪漫的東西，更是你化解死亡恐懼的法寶。

愛讓我們透過死亡這一視角重新審視自身存在的價值，愛讓我們生命中那些熙來攘往的迷失、紛擾和苦痛，都得到清晰的解答和溫柔的撫慰。學會愛，恐懼將變得平靜和淡然，而關注自我的心也將轉向他人。一名心靈導師曾經說過：「愛，不會讓我們停下來。」

那麼，到底什麼是愛？愛是付出。

佛祖釋迦牟尼考問他的弟子：「一滴水怎樣才能不乾涸？」弟子們都回答不出。釋迦牟尼說：「把它放到江、河、湖、海裡去。」一滴水的壽命是短暫的，但當它匯入海洋貢獻自己藐小的力量時，它就獲得了永恆的生。

每個人都擁有愛的能力，當我們體驗到與他人之間的聯繫時，心就成了仁慈與愛的源泉，我們就開始真正關注他人的幸福。然而我們總是給自己的心劃定界限，從未意識到愛可以如此博大，更未意識到愛的付出將給予心靈抵抗死亡的力量。如果學會付出，愛將更為成熟：它不再厚此薄彼，能照亮生命中的一切人和事。彼時，一草一木都令我們動容，我們採取行動的動機不再是追尋美好，而是美好本身。

愛還是感恩。當一個人的生命進入倒數計時、面對死亡的威脅時，他會做些什麼呢？是和親人在一起，享受最後的溫暖；還是四處旅行，看看不曾看過的風景？

黃舸，一個年僅*18*歲的少年在生命接近尾聲時向死神發起了挑戰，挑戰的方式是感恩。他要搶在死神到來之前完成自己最後的心願——向曾經幫助過自己的好心人當面說聲謝謝，送上一束鮮花和祝福。

黃舸從小患有一種叫做「進行性肌營養不良」的絕症，醫生斷言他的生命不會超過*18*歲。他*11*歲那年徹底無法站立，開始與輪椅相伴。*2000*年他開始得到全國各地好心人及海外華僑的無私援助。*2003*

年，黃舸15歲時和父親踏上了「感恩之旅」，開始在全國尋訪素未謀面的恩人。沒有錢，父親就用一輛三輪摩托車載著黃舸。父子倆用3年時間，行程一萬七千餘公里，分3次，感謝了他們能找到的好心人，也將感恩的心傳遞到千家萬戶，感動、溫暖了許多人。

感恩是一種更為穩定，也更為持久的愛。它不是情緒的一時奔湧，而是深切的感受和理解；它不帶個人偏見，不會帶來情緒化的反應。它告訴我們如何去愛、如何把自己所擁有的化為更溫暖更強大的力量去照耀他人；它讓我們的心於他人處映照出自我，讓我們的內心沉靜、安詳，卻又充滿著最為堅定的信念，因為包容是它與生俱來的本性。這樣的愛從來不曾消失，只是常常被人們遺忘。

如果你覺得自己中了死亡的毒，記住，愛是它唯一的解藥。一名學生曾經問禪師：「最好的死亡方式是什麼？」禪師的回答非常簡單：「靜靜地離去。」這句簡單的話語蘊涵著深刻的哲理，揭示了平靜而安詳地離開人世的秘密。

一位醫生接受訪問時曾說，曾見過許多病人走向生命的終點，但心態最為平和的，往往是那些生前獲得了愛並付出愛的人。正如史鐵生所說：「人不能沒有愛，尤其不能沒有所愛。不能被愛固然可怕，但如果你愛的本能無以寄託就更可怕。假如不能被愛是一條黑色的小路，燃著愛的心還可以照耀你前行。但倘若全無所愛，便如那綿綿的秋雨，把你的生活打得僵冷。」

坎貝爾：活在活著的人的心裡，就是沒有死去

生與死都不過是人生的自然現象，但超越這自然規律的界限，我們看到的是更高層次上的生死定義。生命的長度已經被那些生命過程中的精彩所削弱，而後者則成了生命所承載的更為重要的意義。

生命被用來記住的並不是其年輪的圈數。對於逝去的普通人來講，我們追憶或念叨的，是他們生前的筆墨、睿智幽默的言辭以及給予我們或他人的關愛；而卓越者留給後人的是書寫歷史的大氣、心繫社稷的寬宏、彪炳史冊的偉岸以及推動人類文明進步的智慧。所有這些人，都留給我們共同的回憶——對自己和他人生命的無盡的愛。如英國作家托瑪斯・坎貝爾所言：「活在活著的人的心裡，就是沒有死去。」

賴寧的故事婦孺皆知。1988年，他還是一名14歲的少年。那年3月13號下午3點左右，縣城附近一家工廠的電線杆被八級大風吹倒。瞬間電線短路，大火頓起。因當時天氣惡劣，風助火勢，火借風威，頃刻間，大火便逼近了森林、電視衛星接收站和附近的油庫！賴寧看見後來不及多想就立刻趕到火災現場。他和其他夥伴抓起地上的樹枝奮不顧身地衝向火場奮力滅火。後來由於風向突變，賴

寧和夥伴們失去了聯繫。大火終於撲滅了，賴寧卻犧牲了。

在20多年後的今天，賴寧的行為已然成為一面旗幟，在世人的心中飄揚。想起曾經的熱血少年，我們還依稀能夠看到他縱身救火的英勇身影。他生命的短暫讓人扼腕嘆息，但是他並沒有真正地死去。他的精神激勵著一代又一代的人，他活在教科書中，活在口耳相傳的感人故事中，也活在所有敬佩他的人的心中。

活在人們的心中，不在乎時代的久遠，不在乎歲月的漫長，亦不分國界和民族。

德蕾莎修女於1910年生於馬其頓一個富裕的家庭。她因一生樂善好施與無私奉獻的精神而獲得1979年的諾貝爾和平獎。在她的心目中，窮人比富人更需要尊嚴，窮人在價值的等級中至高無上。

據說有一天，德蕾莎要到巴丹醫院商量工作，在靠近車站的廣場旁發現了一位倒在路上像是死了一般的老婦人。德蕾莎蹲下來仔細一看：老婦人裹著破布的腳，爬滿了螞蟻，頭上好像被老鼠咬了一個洞，殘留著血跡，傷口周圍滿是蒼蠅和蛆蟲。她趕緊替老婦人測量呼吸及脈搏，幸好，老婦人似乎還有一口氣。於是，她為老婦人趕走蒼蠅，驅走螞蟻，擦去血跡和蛆蟲。德蕾莎想，如果任由老婦人躺在那裡，那她最後肯定還是難逃一死。於是她放棄了去巴丹的行動，放下了手頭的工作，請人幫忙把老婦人送到附近的一所醫院裡。醫院見老婦人沒有家屬，便不予理會，但在德蕾莎的再三懇求下，醫生終於替老婦人做了基本的救治，並讓其住了下來。

因為意識到這種問題肯定還有很多，所以德蕾莎把病人託付給醫院後，便立即找到市公所保健所的所長，希望對方提供一個讓貧困病人休養的場所。市公所保健所的所長是位熱心的人，仔細聽完德蕾莎的請求後，熱心的所長便帶她來到加爾各答一座有名的卡里寺院。不是印度人的德蕾莎修女在一開始遭遇了很強烈的反對，但是她毫無畏懼，終於把休養所辦了起來。這其中有個老人，在搬來那天傍晚即斷了氣。臨死前，他拉著德蕾莎的手，用孟加拉語低聲地說：「我一生活得像條狗，而我現在死得像個人，謝謝了。」

活著，並不是兩個毫無生機的文字。活著意味著去感受，去承擔，去做一個人間大愛的追隨者；活著，意味著好好地活，勇敢地活，全身心地活；活著更意味著對生命的思慮和關懷。惟其如此，我們才能活出生命的絢爛，才能活入活著的人的心中。

克里希那穆提：與所有生命建立聯繫

自然界中，生老病死是再正常不過的事情。生命在自然選擇的規律中爭奪、殺戮、追趕、逃跑，死亡與生存相互爭鬥，不分伯仲。

然而，人類的所謂自我優越感，將自己標榜為高於一切的物種而凌駕於自然之上。伴隨著這種無根源的優越感而產生的，便是人口的大量增加以及對自然資源的無休止攫取；又由於資源的有限性，其他物種的生存空間急劇縮小。不論人類是否意識到，這都已經成了一個無可辯駁的事實。

不只如此，更大的問題隨之產生。對其他物種生命的蔑視或者視而不見，讓人類毫無顧忌地為了一己私利而不擇手段地殺戮，已然將自己從自然界中剝離出來，成了其他所有自然生命的公敵。

克里希那穆提說：「如果我們與自然界建立聯繫，我們就不會為了滿足食欲而去屠殺任何動物，我們就永遠不會為了私利而去傷害、肢解一隻猴子、一條狗和一隻豚鼠。但是，人類這種心理疾病的治癒與瞭解自然界相比，完全是兩碼事。」

我們對自然的聲音已經選擇性失聰，只聽見自己內心利益的叫囂聲和吆喝聲。生命在人類的貪欲面前完全失去了尊嚴，鮮血被漠視，唯有殺戮與死亡高奏凱歌，齊頭並進。

這是對生命的一種赤裸裸的羞辱，當撕扯心扉的慘叫跌入殺戮者的圈套中，生命便從此被死亡拽入深不可測的黑暗中，一去不返。文明被粉飾，太平被踐踏，一個個鮮活的生命，便在這貪欲的殺戮聲中成了大自然「錯愛」的犧牲品。

鯨是比人類更古老的地球居民，牠們在這個星球上已經生活了幾千萬年，是海洋中最美麗的精靈之一。然而，這些體型龐大、處於大洋生物鏈頂端的海洋動物，卻正在遭受前所未有的生存威脅，牠們中的很多種群已到了滅絕的邊緣。而造成這種結果的最直接原因就是日本等極少數國家肆無忌憚的捕鯨活動。

自國際捕鯨委員會（ＩＷＣ）頒佈商業捕鯨禁令*20*多年來，唯有日本打著「科學研究」的旗號，每年在公海上捕殺*700*多頭小鯨，每年有兩千噸的鯨肉在其國內各大飯店和餐館銷售。而根據國際愛護動物基金會的ＤＮＡ採樣分析結果顯示，日本市場銷售的鯨肉中不僅有數量眾多的小鯨，還有長鬚鯨、露脊鯨、座頭鯨、灰鯨等多種瀕危鯨種。

近年來，世界輿論對日本這種大規模的捕鯨行為一片非議，然日方依舊我行我素，在公海上繼續他們的殺戮遊戲。在這些捕鯨者的眼中，殺戮鯨魚不過是家常便飯，而當我們看到海邊大量的鯨魚屍體以及被鯨魚的鮮血染紅的海水，心中怎不義憤填膺？！

抗議已阻止不了殺戮者手中的利刃，而那些無辜的海洋生物，只能默默地接受自己的命運，毫無招架之力。

群體性獵殺鯨魚行為無疑讓人看到了一種卑劣，而中國藏羚羊生存空間的迅速喪失亦讓人憤怒不已。

20世紀70年代，中國藏羚羊的數量是100萬隻！而當大量的淘金者到達可可西里，發現人比金沙還多的時候，歐洲的不法商人便把罪惡的手伸向了藏羚羊。

藏羚羊的毛保暖性極強，且質地細膩，遠比黃金值錢。有市場就有殺戮。夜間，槍聲一片；待到天亮日出，山坡上已是屍橫遍野，所有的藏羚羊都被扒了皮。

當獵殺者的腰包鼓起來的時候，當歐洲的貴族戴上用藏羚羊的毛織成的「沙圖什」（Shahtoosh）的時候，青藏高原上的藏羚羊的靈魂一個個流離失所，哀鴻遍野。高原上的藏羚羊數目銳減到不到一萬隻，而罪惡可恥的殺戮還在繼續……

善待生命，教科書中的這句金玉良言在巨大的利益面前是那麼的不堪一擊。

人類如何珍視自身之外的生命？如何讓自己心中存著對世間一切生命體的熱愛？「頑童手中的彈弓，鳥兒眼中的死亡。」無論是無心的殺戮還是蓄意的獵殺，都讓這世間充滿了血腥味，而死亡與生命的輪迴，是否有一天也會降臨到人類自己的頭上？

鮑爾弗．芒特：在生命的盡頭給予死者溫暖

當一個人即將走到生命的盡頭，當他不得不與這個世界作別，他的心中是否會有戀戀不捨，或者萬分的孤獨和落寞？對那些瀕死老者的陪伴，對那些被診斷為致死性疾病如癌症或愛滋病的瀕死患者的陪伴，我們做好準備了嗎？

生命的盡頭不應該只是空寥的寂寞和冷漠。當我們哭著來到這個世界上的時候，我們周圍的人在歡笑；當我們行將離開這個世界的時候，是否有人陪我們一起微笑著走過這生命的最後歷程？加拿大著名善終醫生鮑爾弗．芒特曾說，在生命的盡頭給予死者溫暖，這便是臨終關懷的要旨所在。就老人而言，當他們完成一生的工作而再不能勞作時，我們應該做的，不是把他們丟進老人院，讓他們孤苦無依地死去；當我們面對一個得了致命性疾病的人時，我們不應該迴避真誠的交流。

照料的精髓是將自己的事情擱在一邊來滿足被護理者的任何要求。正如鮑爾弗．芒特所說的，照料瀕死者應包含情感和理智兩個方面：「瀕死者需要積極的友情傳遞關心、包容脆弱，他們還需要具備在充分的醫療護理中保持理智的技能。獨有哪一方面都是不充分的。」

*50*歲的曹瓊送走的第一個臨終者叫嚴永樂，這個*50*歲左右的中年男人被發現身體不適時，已經

是肺癌末期。而這個家庭有5個孩子，最大的女兒正在上高職，還不到20歲，他的妻子沒有工作。發生此事後，這個原本貧困的家庭差一點就垮掉。作為臨終關懷組的義工之一，曹瓊經常上門幫助他們處理一些事情，還幫其大女兒找了一份每月能賺800元的半工半讀的工作。800元對現在一般的家庭來說實在微不足道，但對當時已經失去收入來源的嚴家有了很大的作用。

而就嚴永樂而言，曹瓊說自己除了陪他聊聊天，幫他女兒輔導功課，到醫院拿拿藥，陪他去做檢查之外也沒做什麼。殊不知，正是這些日常的小事，讓嚴永樂在最後的時光感到十分滿足，了無遺憾地離開了人世。

嚴永樂去世的時候，20多名義工自發地到殯儀館送了他一程。即使在嚴永樂走後，曹瓊和她的組員們仍然會在中秋節等節日去看望嚴永樂的家人。

「實在是放不下心，心裡已經有了感情。」她說，直到現在嚴永樂的大女兒和二女兒都找到工作了，家裡經濟狀況漸漸開始好轉起來後，他們才放下心來。

其實，在面臨死亡的人心中，此時要緊的唯一任務，就是找到一個默默的傾聽者，靜靜地坐著傾聽他的故事。我們所要做的，就是「待在旁邊傾聽，什麼都不用做」。

臨終關懷給予瀕死者的是一種有尊嚴的死，是幫助臨終者克服死亡的恐懼，幫助他們提前預習將要經歷的情況，讓他們得到心靈的安慰和精神的扶持，讓他們在生命的最後階段能夠安然地離去。

當46歲的許女士被診斷為肝癌轉移且生命只剩下兩三個月時，她住進了某臨終關懷社區服務中心的安寧病房。她對最後的這些日子提出了自己的要求，即身體上只要不痛就可以，另外就是希望走的時候可以比較安詳。按照許女士的要求，醫護人員在用藥上主要考慮的是為她減輕生理上的痛苦，此外，他們也十分重視精神上的撫慰，經常陪她回家看看，見見親人。1月3日是許女士的生日，當天，護理人員買了蛋糕送到她的病床前，和她的親人一起陪她度過了最後一個生日。下午5點，許女士安詳地走完了她的一生。

臨終關懷運動在提供實際和情感的照顧方面，成績斐然。但是，我們除了給予瀕死者需要的愛和關懷外，也需要讓他們瞭解一些更深遠的東西。我們需要讓他們發現死亡和生命的意義，知曉死亡也是生命的一部分，知曉死亡的本來面目，消除對死亡的恐懼。

大多數人只有在臨終那一刻才會想起生命的珍貴，這是多麼可悲的事！這讓人不由得想起了蓮花大師的話：「那些相信他們有充足時間的人，臨終的那一刻才準備死亡。到那時，他們懊惱不已，豈不是太遲了嗎？」

第九章　如何與自己的生命對話

屈原：亦余心之所善兮，雖九死其猶未悔

上帝造人時，為什麼非要留一個「自我毀滅」的「後門」，然後又把開門的鑰匙留在一些經常於理性與非理性之間痛苦徘徊的人手中呢？

生命的凋零本是自然的常態，但人類命運最終走向死亡的結局，讓所有的生者懂得珍惜這活的意義和精彩。然而悲歡離合、人情冷暖、社會更迭讓這世間充滿著不盡變幻的情節。生命猶如一葉扁舟，飄搖起伏，持槳者的心亦隨著風浪陽光或陰鬱或澄澈。當風浪漸大，扁舟入水，舀出無望，或划槳殘斷，躲避無望，或舟身破碎，浮沉無望時，唯剩吞沒……

縱身入海，自殺由此猝發。

全世界每年近百萬的自殺數據讓生者不禁為之哀嘆。然而，真正意欲自殺者遠多於此。試想，你是否也曾經在生命的某個階段為自殺之手所俘獲？如今憶起往昔之逃遁，是否依然心有餘悸？

自殺悲劇的發生實為對自己的生存能力喪失信心的表現，是自我社會責任感喪失的表現。這種侵犯自己的對死的欲望，給生命的自主逃離找到了一個冠冕堂皇的出口。

自殺的允許和崇尚在哲學上是有淵源的。昔日的昔勒尼學派、犬儒主義學派和伊壁鳩魯學派都允許自殺，而斯多葛學派甚至使自殺成為他們哲學的中心原則。這其中，一些傑出的思想家如芝諾、克林瑟斯、加圖和塞內卡不僅視自殺為個人的一種基本權利，而且贊成透過結束自己的生命來將個人的信念付諸實踐，亦即用死亡來證明生活。在這裡，自我選擇性的死亡不僅被解讀為在自己身體和精神整體性遭受無法抵禦的襲擊時保護自己的一種方式，而且成了對崇高自由追求的推崇手段。

個體追逐自殺的事例不勝枚舉。生於戰國時代的屈原，力舉當時的楚國任人唯賢，革新除舊，聯齊抗秦，最後實現中國的一統。然他一生受人排擠責難，空有抱負而無知音。楚國將亡，他亦無生之留戀，遂於汨羅江畔作《懷沙》賦，抱石沉江而沒。

與屈原的「亦余心之所善兮，雖九死其猶未悔」的豪情壯志所近者，則有戊戌變法失敗後的譚嗣同。在變法計畫敗露、救國無望之際，譚嗣同本可以去日本避難，然其對梁啟超曰：「昔欲救皇上既無可救，今欲救先生（指康有為）亦無可救，吾已無事可辦，唯待死期耳！」遂竟日不出門，以待捕。其後在獄中，譚嗣同意態從容，鎮定自若，寫下廣為流傳的表露心跡的詩：「望門投止思張儉，忍死須臾待杜根。我自橫刀向天笑，去留肝膽兩崑崙。」隨後從容就義。

譚嗣同表面上死於劊子手大刀之下，實則是自願就義。譚嗣同之自願就義與屈原之死，均抱有信念的因素。在他們看來，對追逐崇高使命和遠大理想的自我滅亡是對生命意義的強有力的證明和鞭策，是對執迷不悟的生者的吶喊和呼救。也許在他們看來，那些整日渾渾噩噩，把酒言歡、觥籌交錯、或唯唯諾諾、忍氣吞聲者才是死著的，而他們的慷慨就義正是為了讓千千萬萬的死者醒來，開啟一種全新的生活！

從更廣闊的角度來看，自殺也會為某一群體、學派甚至民族所推崇，這其中最具代表性的莫過於日本了。由日本人讚賞櫻花的剎那芳華瞬間寂滅的美可以看出，大和民族對生命短暫的絢爛比世界上任何一個其他的民族都更推崇。自殺文化在日本大行其道，他們在追尋自我毀滅、自我昇華的道路上特立獨行，甚至有了自殺俱樂部。

個人透過自殺對價值和理想的啟示無疑可以給旁觀者敲響一記警鐘，使生者能夠更珍視生的可貴。群體性的自我死亡固然驚世駭俗，但當這樣的理念刻進一個民族文化的骨子裡的時候，置身其中的人是否也會麻木？是否到最後，自殺也演變成了一種習慣，無須多麼大的推動力，一念之間便躍進死亡的黑暗，一去不返？

久而久之，這樣的習慣性群體死亡便將對生命失去任何的證明力度，個體開始單純地為死而死。倘果真如此，那真是一個民族沒落的開始。

然而，我們最應摒棄的還是個體因對生活挫折的怯懦而走向死亡的行為。這也是當今社會存在的主要自殺行為。壓力和挫折累積的最終結果就是當事者心理的失範，在某個時間和地點，當衝動襲來，生命便在剎那間殞滅。這不是對生者的啟示，相反，這種敗走人生的結局只會換得親人的悲痛和世人些許哀嘆，僅此而已。

普羅提諾：自殺是一種暴力行為，而非浪漫

從個體生存天性的角度來看，自殺的緣起也與性格相關。生性是基本的悲觀主義者對死的恐懼或焦慮程度較高，這可能阻止其發生自殺行為；而那些生性是基本的樂觀主義者則可能認為死亡有一種吸引力，正是這種吸引力在無形中鼓勵其自殺。此外，對死亡的「神秘性」的迷戀，尤其是對自願死亡的迷戀，也會增加個體自殺的危險，比如某些自殺行為可能與死亡所富有的詩意秉性，或者浪漫的吸引力有關。

對死亡浪漫的吸引力的追逐促使某些生者急切地想要走進死後的世界，於是逐漸在心底醞釀起自我毀滅的遊戲。長期沉浸於這樣的思想之中，久而久之，這些追逐者便開始迷失了對死亡的辯證思維能力，並形成自殺，亦是追逐浪漫死亡的浪漫方式。自己的死亡由自己主宰，是何等浪漫？

且不論關於死亡浪漫性的認知是多麼經不起推敲，單就自殺來說，那絕不是一種浪漫的選擇。早在古羅馬時代，希臘的哲學家普羅提諾就說過：「自殺是一種暴力行為，而非浪漫。」自殺追求的結局原本就是經不住追問的徹底虛無，既然這樣，手段的目的性和意義從何而來？從醞釀到促成，從開始到結束，對自殺浪漫的想像如同天空的七彩雲朵，而其真實身分，也不過是帶著城市灰燼和塵

埃遊走的雨滴，是陰冷冬日大片飄落的雪花，暗藏污垢。所謂自殺的浪漫只是虛幻，是死亡給予我們的迷藥。你若是赴了那場生死宴，便再也無法逃脫死神的掌控。

總歸而言，自殺的浪漫純屬虛構，只有真真切切地活著，才能體悟到浪漫的實實在在。人死如燈滅，豈會有浪漫的感知？如若自殺也浪漫，那生命豈非多餘？愛情豈非扯淡？不瞭解死亡便不知生命的可貴，從根本意義上說還是欠缺對生死的真正思考。

在日本富士山腳下，有一片自殺森林，每年都會有成百的人光顧此地，將這裡作為自己生命的終點。無意褻瀆死者的選擇，但不遠萬里來到富士山腳下了斷生命，想來那絕無可能是因為自殺的浪漫。

自殺是一種痛，無可排解的痛。若能體會生之美好，為何要拋棄所有，奔向未知的彼岸？生命本身是有呼吸的，靜下心來，均勻氣息，與它做一次促膝的長談，或者在溫暖的午後，微涼的清晨，叫上它，來一場無關時間的旅行。

暫時把所有的塵事放下，與生命邂逅在美麗的年華，你定會深深地愛上她；那輕舒玉腕、慢轉明眸的小家碧玉氣息；那落落大方、亭亭玉立的大家閨秀之風，這生命，是大自然的恩賜。此時的你，還會仰望那自殺的虛無浪漫嗎？你豈不覺得，那所謂的浪漫，在真切的生命面前不過是浮雲？

1916年，以《熱愛生命》等作品聞名於世的美國現實主義作家傑克·倫敦服用嗎啡過量自殺；1942年，以《象棋的故事》等作品蜚聲文壇的奧地利作家史蒂芬·褚威格與其夫人伊莉莎白·奧特曼在巴西里約熱內盧近郊的寓所裡雙雙服毒自殺；*1961*年，以《老人與海》獲取諾貝爾文學獎的作家海明威在愛達荷州的家裡用獵槍結束了自己的生命。

我們很難想像這三位寫出那麼多讚揚和謳歌生命文字的作家為何最終選擇自殺。也許，他們寫出的那些頌揚生命的作品也是內心渴求生命的吶喊與現實的苦痛之間的殊死爭鬥的戰利品。他們熱戀著生，而磨難與死亡卻比用對旁人更強烈的摧毀力來迫使他們就範。最終，隨著身體健康狀況的每況愈下以及現實社會的種種坎坷，生命的力量逐漸讓位於死亡。

沒有人會否認他們珍惜生命的真實性。他們的作品毫無疑問必定拯救過成千上萬不珍惜生命、視自殺為浪漫者，他們與生命的對話讓生命之光更充滿炙熱感和透射性，充滿了人性的光芒。無須多說，放下自殺的屠刀，給生命一份莊嚴的珍視和承諾。

川端康成：無論怎麼厭世，自殺都不是開脫的辦法

厭世主義自古即有，無論是宋代陳亮在《祭呂東萊文》中所寫的「豈其於無事之時，而已懷厭世之情」，還是叔本華所說的「人生就是一場苦難」都是厭世者心態的逼真素描。厭世者對世界和社會的未來、人生的理想和前途喪失了信心，認為世界虛幻如夢、有苦無樂，因而感到悲觀和絕望，甚至認為生不如死，只求一死之解脫。

厭世的主要原因往往是失衡的大腦、個性因素和生活壓力等的相互作用。

當生活給予你重重的打擊，當所有的理想都變得遙遠，當沉重的債務壓得你喘不過氣，當家庭的重擔讓你進退不得，當希望破滅，生活的痛苦似乎無窮無盡地湧現，一眼望不到頭的時候，絕望便會翩然造訪。垮掉的內心似乎再也沒有力量去接力生命的火把，於是，超脫便成了一種美好的念想。遁逃進一個沒有負擔的世界，面朝大海，春暖花開……那裡也許是天堂。而通往天堂的唯一交通工具，便是自殺。

地獄裡的歲月那麼短暫，那就是我迴避這兒的原因。

我將不再支付帳單。

我將不再駕車。

我將不再洗衣服、燙衣服和補衣服。

我將不必再吃昨天做的殘羹冷菜。

真是沒法活了。

也沒法去死。

她做的食物我不能吃了。

夜裡我無法睡覺。

我娶了個嘮叨沒完的女人做妻子。

這是一位74歲已婚男子寫的自殺留言。對於他而言，生活裡除了厭煩至極的瑣事，沒有任何幸福和希望可言。沒法生，也沒法死，自殺便成了一種對現實世界的超脫。

這貌似絕望的生活將個體的生命逼進了一條死胡同，生活中的種種負面感受日積月累，造成了置身其中者對現實的極度厭惡。看不到燦爛的陽光，聽不到微笑的聲音，抓不住未來的希望，所有的一切都了無生趣，黯淡得讓人不願抬頭多看一眼。超脫，逃離，遠方的世界，比現在美好，比別人更幸福。

然而，自殺是否真會帶你去想像中的繁花似錦的彼岸世界？

在《臨終的眼》一文中，川端康成說：「無論怎樣厭世，自殺不是開脫的辦法，不管德行多高，自殺的人想要達到的聖境也是遙遠的。」

《紙婚》裡也說：「想死，是因為還沒長大——因為還年輕，走的路不夠多，美好的未來還那麼模糊，所以才以為短暫的窘境就是永恆。」

如果現實中的諸多不如意是一劑痛心針，那麼我們誰也沒見過的所謂超脫後的世界是否也只是一劑迷幻藥，是乾渴至極者在沙漠中所見到的海市蜃樓？它也許只不過是現實在每個厭世者心中的反面投射，是你的所有希望構築成的完美天堂。而最後因自殺而「實現」的超脫，不過是奔向幻化意境的自我逃避。

厭世者心理和行為上的逃避歸根結底是對自己生命責任認知感的欠缺或偏差。此外，抗爭意識的薄弱也是厭世者對挫折無計可施的幕後主謀之一。厭世情結多是負面情緒累積的結果，所以，擁有一顆強大的心並勇於擔當責任，不懼艱險，敢於接受失敗，逐漸形成屢敗屢戰的行為習慣或處世方式才是王道。

從前有個老太太，她有兩個兒子，大兒子賣扇子，小兒子賣傘。

老太太總是很憂愁，如果遇到天陰下雨，老太太就發愁：「太糟了！大兒子的扇子賣不出去了！」可是等到晴天出太陽，她又發愁：「太糟了！小兒子的傘又賣不出去了！」老太太成天愁眉苦臉，擔驚受怕，一直很煩惱。結果，兩個兒子也受她影響，心情很糟糕，生意自然做不好。

有一天，苦行僧路過老太太門口，看見她連連嘆氣，於是上前詢問原因，老太太便將理由一五一十地告訴了他，苦行僧哈哈大笑，說道：「老人家，您不如換個心境想問題。下雨時想：『太好了！小兒子的傘可以賣出去了！』出太陽時就想：『太好了！大兒子的扇子又可以賣出去了！』」

老太太覺得苦行僧的話很有道理，於是照著做了。果然，她的心情變了：不論天氣怎樣，她都很高興，每天活得開開心心，兩個兒子的生意也好了起來。

這是一個流傳甚廣的故事。我們對事物、對世界的態度可以決定我們的行為是喚醒內心的積極因素還是消極因素。人生一世，草木一秋，我們要「以出世的態度做人，以入世的態度做事」；世事紛紜，煩事擾攘，我們要以超然的心態對待；做事謀生，積極主動，我們要用有限的人生鑄造輝煌。擺正心態，笑對人生，絕不做虛幻世界的傀儡。行事如此，才是對現實世界的真正超脫。

奇瑛：安樂死，你將何去何從

自古希臘醫師希波克拉底在西元前4世紀寫下《希波克拉底誓言》以來，該誓言逐漸成為行醫者永恆的守則。對誓言的傳統理解承認，在某些情況下醫學治療是無益的，即不可能出現「會令患者滿意的治癒、改善、增進或者恢復生活品質」的奇蹟。但是，現代醫學技術的進步使得從醫者的準則變成了「不惜任何代價讓病人活下去」。這樣的理念無疑涉及保留患者生命和防止患者受苦之間的平衡抉擇問題。醫療技術對生命超自然維持的可能性究竟會對患者的生活品質造成怎樣的影響？

在這種情況下，安樂死這一無痛苦致死術的提議一呼即出。安樂死就是指當絕症病人在瀕臨死亡時因精神和軀體的極端痛苦，在本人或家屬要求下，經醫生及相關部門的認可，以人為方式讓病人在無痛苦狀態下結束生命的一種方式。

這樣的令患者被動死亡的方式還被分為積極的安樂死和消極的安樂死。前者指採取促使病人死亡的措施，結束其生命，如當病人無法忍受疾病終末期的折磨時；後者指對搶救中的病人如垂危病人不給予或撤除治療措施，任其死亡。

安樂死的概念一經提出便一直在爭議中穿行。對於這樣的一種死亡方式，世界範圍內的兩種對立的認知一直爭鬥不止。安樂死究竟是一種道義上對痛苦的解救還是法律意義上的謀殺？

1983年，25歲的南西在一次交通事故中受傷，成了植物人。醫生在其腹部植入了一根飼管以維持其生命。1987年，南西的父母請求醫院取下飼管，認為女兒有權擺脫「不必要的身體侵害」。院方和密蘇里州最高法院均未同意，他們認為，沒有南西本人同意的「清晰而令人信服的證據」。但是幾個月後，當南西的幾位朋友提供了關於南西自己曾表達過她「不想像植物人那樣生活」意願的證據後，密蘇里州最高法院裁決證據充足，從而批准醫院撤銷了插在南西身上的飼管。13天後，南西去世。

這是一起安樂死的典型事例。從中可以看到，除非有本人的親口示意或意願，否則安樂死是不能被當事人以外的任何人執行的。

在台灣、在中國，安樂死無論是在生活中還是在法律上，也都是一個充滿爭議的話題。

中國大陸最早的安樂死案例要追溯到1986年。當時陝西第三印染廠職工王明成為身患肝癌末期絕症的母親夏素文申請「安樂死」，並最終徵得了主治醫生蒲連升的同意。但隨後陝西漢中人民檢察院以故意殺人罪對他們提起了公訴，並直到兩年後才被法院宣佈無罪釋放，檢察機關不同意此判決，遂提出上訴，一年後，漢中市法院終審判決，蒲連升無罪。

17年後，王明成由於無法忍受胃癌以及哮喘等各種疾病近兩年的折磨，遂於2003年2月4日正式向醫院提出了安樂死的請求。但是醫院以國家沒有立法為由，不予實施。王明成無法像母親那樣安靜地走過人生的最後歷程，直到8月3日，王明成終於在病痛的掙扎中停止了呼吸。

贊成安樂死的人認為，人精神方面的價值是高於肉體的，所以，當一個人失去意識後，其生命的意義也就蕩然無存了。在關於「植物人」的問題上，史鐵生說：「每一個植物人在成為植物人之前都是驕傲的可敬可愛的堂堂正正的人……與其讓他們無辜地，在無法表達自己的意願無從行使自己的權利的狀態下屈辱地呼吸，不如幫他們凜然並莊嚴地結束。我認為這才是對他們以往人格的尊重，因而這才是人道」；「讓一個人僅僅開動著消化、循環和呼吸系統而沒有自己的意志，不僅是袖手旁觀他的被侮辱，而且是對我們所有人的自由和尊嚴的嚴重威脅，所以是不人道的」；「延長生命實際上只是延長他們的痛苦的死亡過程，選擇安樂死只是選擇了安寧、尊嚴的死亡方式而已。」

然而，對安樂死持反對意見者認為，人的生命過程本身就是人生的價值所在，安樂死人為地剝奪了無辜者繼續生存的權利，毀壞了人的其他權利基礎，也就同時剝奪了人的所有權利。

另外，從當事人的角度來看，個人是否選擇安樂死是其所擁有的權利，其有權去決定何時結束自己的生命。甚至有人認為安樂死不單是我們每個人所擁有的一項簡單的道德權利，更是一種人權，我們不應干預一個人的「內政」；生死自決，是一個多元及寬容的社會所應保障的；讓個人自己決定死亡的時間及方式，這才是尊重了個人的自由。所有的種種，讓人對安樂死的抉擇進退維谷，不斷徘徊，一如2006年奇瑛撰文所言：「安樂死，你將何去何從？」

埃德瓦．沃哈根：那是個美好的時刻

有關安樂死的爭議持續不斷。如今，贊成者認為實施安樂死是對生命的尊重，是對生者最後的尊嚴的維護。而且，安樂死可以使其免受無盡的肉身苦難以及隨之而來的精神上的折磨，使其死得其所，是對痛苦的生的一種解脫。

生與死的權利到底應該掌握在誰的手中？自工業革命以來，隨著醫學的不斷發展，人們對於生死的掌控和干預能力越來越大，延長生命與延長死亡的界限變得愈發模糊。但是，對安樂死持贊成態度的支持者認為，對於那些受盡病痛折磨的人來說，安樂死無疑表達並實現了人們對死亡的一種美好願望——來時無牽無掛，走時安靜從容。在安樂死的世界裡，死亡不再是一種痛苦的歷程，不再是親人與病者身體和心理的雙重煎熬，而是一種在舒適狀態下呈現出的死亡的美。這種美讓生和死不再是割裂的、相反的極限感知，而是一種連續的擁抱美麗的過程。

有一位65歲的荷蘭老太太，喜歡聽音樂會。為此，她經常在晚上的時候從阿姆斯特丹的家裡出來散步2～3英里與朋友見面去聽。不僅在別人看來，她活得很愉快，而且在她自己心中也真切地感受到活著的幸福與充實。但你也許無法想像，實際上，她的癌症已經到了末期。

為什麼她會在生命行將就木的階段還過得如此坦然和快樂？因為她早已向醫生表示過，當大限來臨的時候，她不想拖累別人，希望醫生能夠幫助她結束生命。「幸好我生活在荷蘭。」無疑，在她看來，能夠自主地選擇安樂死是她感到無比欣慰的事情。而這，也許是她能夠在心中隨處隨時安放生死的原因之一。

在推崇安樂死的人看來，老太太尋找到了生命的真諦。生在極度的痛苦之中無疑生不如死，而安樂死不僅可以免去生者的肉體痛苦，還可以解除他們精神上的折磨和負疚感。自由地選擇死亡是對社會和家人的一種免拖累的選擇，出於讓病者以一種人道和體面的方式離開人世的道德目的，是尊重人精神需要的表現。

以「自由、包容」著稱的荷蘭無疑是安樂死推崇者的精神樂園。在*2001*年，荷蘭便通過了安樂死法，這一舉動讓西方社會瞠目結舌、議論紛紛。而近年來，荷蘭更是準備將安樂死的範圍擴大到新生的嬰兒中。

一位名叫查諾的孩子一出生便被診斷患有先天性代謝紊亂，同時有骨骼生長異常的症狀。醫生說她的生命最多只能維繫*30*個月，說是維繫，因為在這僅有的*30*個月裡，查諾不能像其他正常的孩子那樣進食，她只能依靠一根管子與外界進行物質、能量的交換以維持生命，甚至父母的撫摸都可能給她帶來傷害。

看著孩子在與疾病抗爭中承受如此痛苦，查諾的父母日益絕望而無助。「她活著的每一天都在受罪。」查諾的母親安妮塔說。

在查諾7個月大的時候，她的父母請求醫生協助她離開這個世界。對於這個決定，查諾的父母表示無怨無悔，因為他們堅信自己的孩子此時「正在天堂裡嬉戲」。

小查諾沒有舒服地生，卻能夠在父母的要求和同意下安詳地步入天堂。而對於醫生而言，讓被嚴重病痛折磨的嬰兒早日獲得解脫，既是一種無奈，也是其職責所在。羅寧根大學醫療中心兒科治療主任埃德瓦．沃哈根說：「從某種角度來說那是個美好的時刻，但也是極為傷感和困難的時刻。」

的確，美好中交織著困頓和抉擇的兩難性。英國的桑德斯醫生就曾說：「在我們的病人中如果有人要求安樂死，那就表示我們沒有盡到責任。讓自願性的（主動）安樂死合法化，將是一種不負責任的行為，它會妨礙我們對老弱、殘障和臨終者的真正尊敬和責任。」而美國反安樂死組織——「美國生命聯盟」的副主席吉姆．賽德拉克則表示：「我們反對任何人、任何形式、任何年齡層的安樂死，因為人類是上帝創造的，只有上帝有權決定人的生死。」

關於生與死的不同認知讓人們對安樂死的選擇與否充滿了倫理道德層面上的衝突和摩擦。我們如何與自己的生命對話，如何正確地履行生死的權利和義務，無疑將是需要人類窮極一生去探索的問題。生與死並非只是兩個冷冰冰的詞語，它們承載著人類自誕生以來便苦苦思索的哲學命題，有關安樂死的爭議無疑也包含其中。

人生存的權利是否大於生的幸福感或滿足感?如果人生的最後階段因疾病的折磨失去了生的歡愉，那麼選擇安樂死較之單純地對生命進行醫學上的延續而言，是否也是一種舒適而淒美的結局?

洛克菲勒：給予生命和死亡尊嚴

自殺與安樂死的爭議持續不斷，反映出全人類對生命與死亡尊嚴的不息思考。對生與死的思考，將人類帶入了一個嚴肅生死觀的年代。

生命與死亡，究竟是人生來就可以享用的一種權利，還是人必須去履行的一項義務？抑或兼而有之？洛克菲勒說：「一個人活著，必須在自身與外界創造足以使生命和死亡有點尊嚴的東西。」生命與死亡都需要尊嚴的維繫，我們在給予生的尊嚴的時候，自殺是否成了一種罔顧生命的不可饒恕的罪？我們在給予死亡尊嚴的時候，安樂死是否成了一種光明正大的對痛苦的解脫？

作為一個年輕人，維特在離開了市民的世界後對自己的人生目標依然充滿迷惘。在W城裡，他從在自然中遊蕩和練習繪畫中獲得享受，因為他認為自己是個藝術家。而在一次非常偶然的舞會上，維特結識了公務員的女兒綠蒂，兩人一見鍾情。此後，他們在一起度過了很多美好的時光。

然而，在此之前已經和阿爾貝特訂立了婚約的綠蒂在阿爾貝特出差回來的時候便與維特漸漸疏離了。維特大受傷害，並漸漸意識到了自己愛情的無望。於是，為了避開綠蒂，他離開W城並在一個大使館中找到了一份工作。現實世界的死板和禮儀的拘束摧毀了他的希望。當他失望地回到W城的時候，綠蒂已經和阿爾貝特結婚了。

當耶誕節之前綠蒂發誓永遠不再見維特的時候，維特對所有的一切徹底絕望了，於是，他對著自己的腦袋扣動了扳機……

《少年維特的煩惱》是歌德的代表作，而在現實生活中，很多青年都模仿書中的維特結束了自己的生命。對自殺者之外的其他人來說，自殺是不可饒恕的罪；而從自殺者的角度來看，自殺是其面對自己的生命所具有的選擇的權利。在生命與死亡之間，主動地選擇死亡說明在自殺者眼中，繼續生存似乎是一件比死亡更加痛苦的事情。選擇死亡的原因是，自殺者在自殺的那一刻相信只有死亡才是解決問題的最好方式，也是唯一能夠得到解脫的方式。但即使如此，自殺仍然是每個人面前最壞的選擇。

我們每個人都有著渴望生存的本能，有著迷戀生命的自然特性。很多的自殺者會反覆地在生與死之間進行抉擇，這說明他們依然眷戀著生，渴望獲救，只是內心中藏匿的無意識的敵對力量會在自殺的那一刻掩蓋對生的渴求。生命的美好與希望被遮蔽，尊嚴在這種敵意面前不復存在，這無疑是對生命的無情踐踏。而當自殺者飲彈，或者看著鋒利的匕首刺進自己胸膛的那一刻，他已然忘卻了經歷痛苦之後的生命的本意，忘卻了生命給予他的幸福和快樂。當他倒地不起時，尊嚴也轟然坍塌。

而關於安樂死的爭論，關注得更多的也是人的生命本身。事實上，關注生死背後的意義可能更為重要。選擇安樂死無疑就是選擇結束生命中的痛苦或無意義的生命延續。這一點在多起安樂死案例中已有表述。

2008年2月，一位韓國的老太太在接受肺癌檢查時因出血過多導致腦損傷，成為植物人，此後便一直依靠人工呼吸器維持生命。後來，經過慎重考慮，其子女要求醫院摘除人工呼吸器，允許母親有尊嚴地死亡，但是醫院拒絕了他們的要求。萬般無奈之下，他們提起了訴訟。經過審判，首爾地方法院、高等法院和大法院先後判定醫院摘除人工呼吸器，於是醫院遵照執行了。2010年1月10日，這位78歲的老太太在摘除人工呼吸器201天後在醫院去世。

一個人有尊嚴地死去，從理論上來講，應該是指他的死在沒有他人強行干涉的情況下發生，也就是說，在死亡問題上，他在自然規律允許的前提下自己主宰自己的命運。按照這一理解，如果病人在有效條件下明確地提出了終結其生命的意願，而這種意願卻受到其他人的蓄意阻擾，那麼他的尊嚴就受到了侵犯。這無疑是對安樂死與死亡尊嚴之間的透徹解釋。

對於生者來說，是選擇生還是選擇死，都將是與自己生命的靈性對話。而自殺者本真的生命意願被構成自殺的諸多因素所蒙蔽，失去了生命的最後尊嚴；安樂死挑戰了人類對死亡和生命權利與義務認知的界限，在贊成者看來，那是對生命尊嚴的最後維護。

第十章　瀕死體驗：站在死亡的入口處

瑪戈特．格雷：黑暗與隧道

不論是古代還是現代，也不論是外國還是中國，關於瀕死體驗的記載和實驗都早已有之。例如，《漢書》記載說朔方廣牧女子趙春在病死後的第六天居然復活了，並且聽到其已經死去的父親對她說：「年二十七，不當死。」《晉書》記載干寶的兄長經常生病，有一次感覺他已經斷氣了，但後來又醒了過來，說天上地下鬼神之事，神乎其神。這些都是正史記載，是有依據的，而那些野史中的相關記錄就更是數不勝數了。柏拉圖在其《理想國》中描寫了人死後的經歷，即要嘛入冥府地獄，要嘛上天宮極樂，或者是去見已經故去的親朋好友。可以說，關於瀕死體驗的故事從古到今燦若星空，比比皆是。

俄羅斯媒體曾經披露了一項驚人的發現，透過對五千個有過臨床死亡經歷的人進行調查，一位名叫雷蒙·穆迪的人發現，瀕臨死亡時人類會進入一個神奇的世界。在德國進行的一次「死亡試驗」中，參加試驗的男女志願者有50名，他們個個年輕力壯。而「死亡試驗」的辦法也很簡單，即利用藥物使50名志願者處於和死亡相似的完全失去知覺的境地。在22秒的短暫時間內，每一位志願者都看到了各種不同的景象：有的看見彩光，有的看見親人，有的看見自己發著藍光的「靈魂」從自己的肉體中「逸出」，而有的看見一條發光的「隧道」。

為什麼當人處於瀕死狀態的時候會出現如此奇特的幻覺？科學家透過大量的案例分析發現，之所以出現各不相同的瀕死景象與當事人受的教育、經歷和個人的性格特徵有關。但是也有科學家提出了不同的觀點，即在死神降臨的一瞬間，每個人在短時間內的主觀體驗一般來說是類似的，相信有天堂存在的人更是如此，在死亡之前更容易看到理想中的景象。

這是瀕死實驗得出的結論。但是，在現實生活中，存在得更多的是源於疾病的瀕死經歷以及源於意外事故的瀕死經歷。而從更細分的角度來看，超過一半的瀕死經歷與事故有關，包括全景式回憶的體驗或者人生回顧，而瀕死經歷與疾病或者自殺未遂相關的僅占16％。

透過對各種方式的瀕死試驗研究發現，有過瀕死體驗的人們的意見基本是一致的，即「在死亡之前，他們和平寧靜、穿過一條隧道進入另一個世界、前方出現光亮並進入花園等」。許多與死神擦肩而過的人說，他們經歷了一種「生命回顧」；還有人說，瀕死體驗感覺像是與宇宙本能或意識融為一體；甚至有些倖存者因為「被帶回來」而感到憤怒和悲傷。

在所有這些具有典型的瀕死經歷的瀕死體驗者中，有33%的回應者體驗到自己與軀體的分離，16%的人看見明亮的光，10%的人覺得自己實際上進入了一片光亮區（儘管只是「窺視」了一下超自然的環境），而有23%的人體驗到進入黑暗的隧道或者過渡階段。

羅林醫生在《生死之間》中講述了一個產後大出血的婦女靈魂出竅的經歷。根據她的描述，當時她「自覺隨著每次心跳，都有血從身上噴出，心想就要死了」。恍惚中，她突然覺得「自己飄浮在天花板左角，向下俯視，見醫生向護士大發脾氣，心中不喜；又見母親、丈夫在旁悲傷，孩子嚶嚶啼哭，但自己無喜無憂，倒有平安之感；轉身離去，進入一條黑暗通道，快速前進，周圍響起吱吱聲；通道兩邊遠不可及，盡頭有些黃白亮光。未及到達，即發現自己躺在甦醒室裡」。

通過黑洞是瀕死體驗者經常會遇到的場景，他們感覺隧道的一邊是現世，一邊是異域，他們的身體受到一般莫名力量的吸引，不由自主地衝向黑洞。圓瑛大師《楞嚴經講義》解云：「中陰身投胎時，其無緣處，大地如墨，惟於父母有緣處，見有一點明色發現，以妄心見妄境，故曰：『見明色發。』中陰身乘光趨赴，明見妄境，遂起妄惑，而欲想便成，故『明見想成』。」

此外，與「隧道」經歷相關的瀕死經歷的一個特徵是瀕死體驗者可能會在隧道中遇見精靈，而這通常是死者與親友的會面或是晉見一位宗教名人的經歷。不過，這種情況並非總是出現。

1986年，瑪戈特·格雷曾寫過一本叫《從死亡回來》的書。在這本書裡面，她描述了一位在分娩時差點死去的婦女的情形。這位婦人說：「我感到自己在一條長而暗的隧道裡快速移動，自己好像飄浮起來了，我看到許多來來往往的面孔，他們親切地看著我但並不和我打招呼，我也不認識他們。當我接近隧道盡頭的時候，我好像被一片令人愉快的、溫暖的、熾熱的亮光所包圍。」

對此科學家在仔細地斟酌比較後，得出了一定的有意義的結論。當時這位婦女失去了意識和所有對事情的記憶，而復原使她的意識和記憶得到了恢復，但是視覺和基本神經功能未及完全恢復，因為氧氣的供應還不足以做到這點。但是，正因為如此，這位分娩的婦女產生了在黑暗隧道中移動的感覺。而隨著她身體內的氧氣供應逐漸恢復，視覺也開始恢復，這與擴散的瞳孔一起使她產生了向隧道盡頭光亮移動的感覺，而她所感受到的溫暖便是產房裡的溫度。

身體缺氧的確能夠解釋令人驚嘆的像是超自然感覺的黑暗、隧道和光的體驗，但是關於產生隧道和光的體驗，這個解釋並不能成為唯一的結論性論據，瀕死體驗經歷的深層次原因還有待我們進一步挖掘。

雷蒙德·A·穆迪：與光進行交流

瀕死體驗者在穿越黑暗後的另一種類同的經歷便是感知到亮光的出現。這種亮光在很多體驗者眼中並不是晃蕩的，而是充滿了溫暖和柔情。亮光不僅驅逐了黑暗，還讓他們的形象顯得高大而輕盈，有一種臨近天堂的感覺。

這種亮光的顯現在很多案例中都有近似的描述。例如，在《瀕死體驗研究》一書中就有如此一段描寫：「1981年夏，某女士在家中游泳池裡潛游，還未換氣，一醉酒客人突然落入水中，順勢將她拖往水底，該女士就此昏厥。然後她覺得自己在黑暗中緩緩往上浮，此時困惑而不恐慌，而是覺得舒適和敏銳。黑暗中她見到遠處家中有已逝的中年妹妹逗貓玩，再是家中死去的狗在嬉戲。接著一束光出現在眼前，漸變漸大，漸變漸亮。悠忽之間穿過一個黑暗隧道，心中一片敬畏安詳。再見光時，出現一位美麗婦女，身著白衣，髮棕眼藍，母愛殷殷，伸出雙手來，眼睛示意她須回去，就此醒轉。」

麥爾文·莫斯博士和帕瑞在其《被光改造》一書中也記錄了一個病人描述與光交流的生動例子：「我問那光，我的癌症能不能被治好，我在向它祈禱。然而那光對我說，我們通常所認為的祈禱，實際上只是一種抱怨，我們所求來的實際上是一種懲罰，因為我們並沒有真正悔改我們的錯誤。那光要求我想一個我最痛恨的敵人，我依法照做，光又讓我把我所有的能量都送給我的敵人，我也照做。突然間，一道光束從我身體裡噴發而出，接著就像被一面鏡子反射過來一樣，又回到我身體裡。我清楚地感受到我身體裡每一個細胞，甚至能看到每一個細胞，它們從我的身體裡發出聲音和光來。我又哭又笑，一陣顫抖，心中感激莫名。我試著調勻呼吸，平靜下來。當我最後被治癒的時候，那光對我說，你剛才經歷了你一生中第一次真正的祈禱。」

這種與隧道盡頭光亮的交流讓瀕死者感到一種無與倫比的溫暖，並有一種見到天堂的興奮感。對此，雷蒙德．A．穆迪博士曾在他所著的《死亡回憶——瀕死體驗訪談錄》中描述的這時恰是「來到了與光同樣的位置」，而這與佛法中所提到的純光，即自性之光有殊途同歸之感。例如，《明行道六成就法》云：「人在捨命以前之頃，有白如月、紅如日及黑昏之三種光觀前。」也就是說，將死之人，本性光明和淨光相繼呈現，正所謂得道成佛，學法之人可依次解脫。而這在《中陰救度密法》中被描述得更為詳盡：「一經命終，即得體證於初次放光之本妙明淨之法性，而得度脫之境界。倘此初放淨光，未得體證之者，則於死法完全決定終了以後大約食頃餘久之時，淨光雖又復有第二次之放射，然死者通常不能如初見者之明，因其業力此際漸開始發生障礙。」

科學探索者和醫學研究者也在大量實例的基礎上對心力衰竭進行了頗為縝密的描述，並對此作出了符合邏輯的合理解釋。在這其中的部分研究者看來，諸如此類的瀕死體驗是以體驗中受控制的眼睛、大腦和其他感官的結構與功能為事實基礎的。

一名專門研究麻醉學的內科醫生在為漢克尼的綜合性醫院工作時，曾在美國存在主義哲學家威廉·巴雷特先生的一篇文章中尋找到一些有趣的細節：「一名即將死亡的婦女首先只看見黑暗，接著看見了『可愛的亮光』以及『亮光的形狀』。之後她轉向她身邊的丈夫並且說：『你不會將孩子留給不愛他的人，是嗎？』然後她輕輕地把丈夫推向一邊，說道，『讓我看看那可愛的光亮』，不要隱藏它，它是如此美麗。」

這名婦女把她的丈夫推到一旁是因為丈夫確實擋住了光亮。而她看見「可愛的光亮」的一個最有可能的原因便是瞳孔的放大，這是由致命的心力衰竭引起的缺氧所導致的。因而，這個不幸的婦人所描述的光亮和模糊的形狀是她對在她視野範圍外房間裡其他地方的人「光亮的形狀」的想像。一個小時後，這名婦女死於心力衰竭。

但是，醫學上的推論或許會顯得沒有那麼浪漫和崇高。對於她、她的家庭和所有的研究者來說，她所描述的將死時的體驗，帶來的不僅僅是在精神上和視覺上對瀕死時可愛亮光現象的說明，還是對深植於社會文化生活中關於死後生命的一種令人驚嘆和強烈的信仰。這個事件極好地說明了由於許多原因導致的瞳孔擴散如何使人有「亮光」和「亮光形狀」的視覺效果。

是故，光亮的呈現是眾多瀕死體驗者所感知並傳達於生者的一種訊號，這種訊號讓生者的內心不再有對死亡的循逃性的恐懼，而更多的是一種祥和的寧靜和溫暖。從這個意義上而言，光亮，讓生命更為燦爛和完整。

肯尼斯・瑞林：希望的信差

美國心理學家伊斯特伍德・阿特沃特博士採訪了大量瀕死倖存者，根據他們的講述可知，只有21%的人否認瀕死體驗給他們的生活和思想帶來了後續的影響，也就是說這部分人聲稱瀕死體驗沒有帶來任何插曲。但多數人都說瀕死體驗對他們的改變是巨大和徹底的，其中有19%的人還說他們有了死而復生的經歷後完全變成了另外一個人，甚至對比前後的照片都不像同一個人了。

由此可見，瀕死體驗的經歷對於經歷過折磨的人來說是一種恩賜，因為他們在鬼門關走過一遭，看見過天堂，重返人間後就會願意用畢生精力用來幫助他人和為社會做貢獻。美國心理學家肯尼斯・瑞林也認為瀕死體驗對這些人而言是一個希望的信差，他們想要重新認識這個似乎一下子變得陌生的世界，以好好經營每一天。

具體而言，瀕死體驗主要會對體驗者的心靈產生7個方面的影響，即意識到愛是平等且純粹的、像孩子一樣天真處事、更在乎「此時此刻」的意義、超感官認知能力、教會人成長、身體只是靈魂的一件馬甲、說話方式的改變等。

實際上，其他對瀕死之後生活的調查也得出了相近的結果。經歷過瀕死的人大都選擇了默默繼續自己的生活，對那段刻骨銘心的經歷隻字不提。因為他們知道，大肆宣揚自己的這種經歷在外人看來不過是你對生活或是他們開的一個玩笑而已，除非親身經歷過，否則沒有多少人會真正地相信。

所以，那段經歷對瀕死體驗者的生活會產生潛移默化的影響。許多人說，經歷瀕死體驗之後，他們的視野更加寬廣，對人生的看法也更加深刻，因此，他們也就開始更多地關注人生哲理和哲學方面的事情。

曾經有一位瀕死體驗者生動地講述了自己瀕死體驗前後截然不同的認識：「我所居住的城鎮非常小，人們的思想也比較守舊，而那時候，我還沒去上大學，所以我還是得和他們一起生活。那時候我是個典型的高中毛頭小子，但也是『學生會』的成員——因為大家都習慣性地認為，你不參加學生會就成不了人物。

「但自那件事發生以後，我突然對學習新的知識充滿了渴望。因為我一直待在那個小城鎮裡，沒有太多的資訊管道，所以那時候，我還不知道別人也有這種經歷。我當時根本不瞭解哲學，而且對這方面的事情也完全沒概念。那件事對我的影響就是，彷彿在一夜間我長大了許多，我突然看到一個全新的世界，那裡全部是我從來不知道、想都沒想過的存在。我一直在想：『這世界到底有多少東西要我去探尋，要我去發現？』換句話說，自那次的瀕死體驗之後，我突然領悟到，之前每週五晚上的電影以及週末的足球比賽都算不了什麼了，因為有太多的東西是我完全不知道的。於是我開始思考人生的極限在哪裡，精神的極限在哪裡。一個嶄新的世界出現在我面前。」

也就是說，經歷了瀕死體驗後，有人開始尋找人生的哲學意義。與此類似，另有一些人在經歷了瀕死體驗後，從更深層次的意義上理解了生命，因而也更加地珍惜生命了。

這樣的事例同樣也真切地在某些瀕死體驗者的世界裡發生過，例如有一位體驗者便是這樣說的：

「那次事情發生以後，我就一直在想以前的日子我是怎麼過來的，並更加投入精力在如何把握今後的人生上。在那次之前我對以往的日子很滿意，因為我覺得社會待我還算公平，而我也一直在努力奮鬥，按照我自己喜歡的方式做我喜歡的事情，而且我還活著，可以做更多的事情。但是，自從死過一次以後，我突然開始思考一個以前我根本不會去考慮的問題，即以前我努力地工作，到底是因為工作的事情本身是正確的，還是僅僅因為它對我有好處。以前我做事情一般都是透過本能的反應來決定的，而現在，我會先用頭腦仔細地思考，緩慢而謹慎地思考，所有的事情都要先經過頭腦過濾一番再去決定做還是不做。

「此外，我還試著去做一些更加有意義的事情，而這讓我的心靈和靈魂更加安寧。我儘量對事物不存偏見，也不再去評判他人的好壞。我想去做一件事，只是因為它是好事，而不是因為對我有好處。這是我以前完全不曾想過的。另外，我對周圍發生的事情也有了更深的瞭解。」

除此之外，還有人反映，他們的生活態度或者說對物質生活的看法發生了改變。一名女子就這樣簡單地說道：「我覺得生命更值得珍惜了。」

瀕死體驗也許是一個幸福的信差，它帶給那些見過天堂的人以更深刻的思想去面對生活，面對生活中的人和事。從這點上來說，經歷過瀕死的人是幸福的，因為他們真正地理解了生命的意義。

莫里斯．羅林：如地獄般的景象

美國心臟科醫師莫里斯．羅林針對手術臺上經歷昏迷而甦醒的病人做即時的訪談，發現近半數的人都說看見如地獄般的景象。由此可見，瀕死體驗者也並不完全都是經過長長的黑暗隧道後，在盡頭看到溫暖的光亮，彷彿到了天堂。有些人體驗到的是去了令人恐懼和消極的地獄，而這種經歷也具有一定的代表性。

一位女士在昏迷的時候，「突然感受到了黑暗，沒有光，什麼也沒有。突然一群靈魂出現在了我的面前，我不知道他們的數量有多少，但他們都在等待一個時刻，他們拉著我把我帶到了這個完全絕望的地方。那裡什麼也沒有，只有一片虛無。那是何等的折磨，沒有任何一個詞彙可以形容那種痛苦，最可怕的噩夢終於成真了……」

這種地獄體驗，讓她釋放了全部的恐懼，並覺得自己已經無藥可救，這成了她不可磨滅的可怕回憶。因為它是那麼的真切而恐怖，使其覺得自己已經深陷其中，無藥可救了。

這樣的瀕死體驗同樣讓人在多年之後依然記憶猶新，並形成了一種對死亡或某種體驗中獲得的絕望資訊的極度恐懼感。這在下面的事例中得到了很好的驗證。

佐伊斯．哈爾維於2000年4月因哮喘病嚴重發作而住進了醫院。就在醫院裡，他突然感到全身麻痹，連眼睛也眨不了，而周圍是滿滿的看不到盡頭的黑暗，什麼也看不見，只聽見一種似乎是院子裡玩耍的孩子們發出的尖叫聲。此時的他感覺自己正在加速墜落，就像待在失去了控制的電梯裡一樣失去了一切的重心，手足無措。接著，好像有一雙燙得灼人的手抓住了他的腳板，他嚇得渾身發冷。到此事情還遠沒有結束，按照他自己的描述，他說：

「讓我更為惶恐的是，突然從黑暗中冒出成千上萬的人，我既看不清他們的臉孔，也看不清他們的身子。他們的手很小，但十分有勁，把我往隧道深處越拉越遠。我盡全力反抗，身邊卻找不到一個能抓住的地方。當時我腦子裡掠過的唯一念頭就是『我要死了，前方便是地獄』。『我就是死去，也應該進天堂。』我試圖說服自己。面前那些傢伙的面目變得越來越猙獰，越來越模糊一片。儘管我心裡很清楚，他們是要對我使壞，可就是聽不懂他們究竟在喊些什麼。接下來我聽到一個回聲：『回去吧，抓住我！』後來我覺得像是電梯在以很快的速度往上升，然後突然停了下來。我說不上這個過程有多長時間，實際上最多也就幾分鐘，可感覺上遠遠不止。」

當佐伊斯．哈爾維睜開眼的時候，發現一個女護士正緊緊握著他的雙手，並告訴他剛才他全身都在扭動，一副很痛苦的樣子。這件事對佐伊斯．哈爾維後來的生活造成了無以復加的影響，以至於他此後對黑暗怕得要命，甚至晚上睡覺的時候臥室裡必須燈火通明才有安全感。他本來從不迷信，但自此之後他每天都在祈禱，並在心裡總是否定自己，因為也許上帝認為他做了什麼不公的事。所以，一想到死，他就會非常害怕，因為在經歷過這種煉獄般的死亡後，那種恐懼感的確讓人對死亡諱莫如深。

在這種地獄式的瀕死體驗中，很多人都描述了下墜的經歷，這與之前隧道盡頭亮光的身體移動方向恰恰相反。在亮光前，體驗者感受到的是輕盈的愉悅和舒鬆，而在這裡，體驗成了失去重心的下墜，是一種非常沒有安全感和踏實感的、身不由己的墜落。

*31*歲的羅德傑絲在*1991*年的一個晚上也莫名其妙地有過一次昏死後的地獄體驗。實際上，她當時可能是因為天氣過熱而昏倒，而幸虧她學醫的男友用人工呼吸救醒了她。從她昏迷到甦醒過來前後也就*5*分鐘，但是她感覺自己做了一次相當長的旅行，而這旅行的過程讓人不寒而慄。

「我什麼也看不見，卻能感覺到正在以一種加速度從一條寬大的隧道往下滑落。我嚇得要命，這樣的情況是過去從未遇到過的，只覺得自己彷彿置身在一個充滿敵意的世界裡。我只有一個念頭，那就是不願往下落。我拚命地掙扎，想逃出這個隧道，躲開這個罪惡的世界，但無濟於事。四周一片黑暗，沒有任何氣味，沒有任何感覺，不熱也不冷，我唯一能做到的就是聲嘶力竭地大聲喊叫。我對接下來會發生什麼，心裡一點譜也沒有。我只知道，不管是什麼命運在等待著我，都會比所能想像到的情況可怕得多。我竭盡全力掙扎，卻有一種無形的力量把我拉向一個鬼知道是什麼所在的地方去。緊接著，我的腦子彷彿轟地炸開了，我看見了一些紅色斑點，就像血在一塊黑布上濺開來。突然，我不再往下墜落了……」

不再墜落是因為她男友的人工呼吸使她甦醒了過來，但自此以後，她時刻都在擔心自己會再度昏迷。

這樣的事例不勝枚舉。但是，關於瀕死體驗中的地獄感受，科學上的研究則相對較少，目前尚無法找到一個合乎情理的解釋。

無論是看到亮光，還是墜入地獄，瀕死體驗都像是囊括了生死的迷城，冷不防在某個地方給某個人一份特別的禮物。

愛因斯坦：瀕死體驗的研究還處在嬰兒階段

人類在瀕臨死亡時能看到什麼？這是瀕死研究一個重要方面。雖然關於瀕死經歷的記載古已有之，但真正將此作為一項命題來研究的還得從伊利莎白．庫布勒．羅斯和喬治．瑞秋這些先驅者的研究以及雷蒙德．A．穆迪的書《生生不息》算起。

早在20世紀初，一位名叫伯恩特的德國醫生就曾下過決心，要弄明白人們死後的感覺是怎樣的。他在仔細地對曾徘徊在生死邊界的人們進行調查後，發現死而復生的人們在進入死亡世界後首先體驗到的是一種強烈的欣喜之情。這大概可以算是瀕死研究的雛形。

後來在1978年，國際上為了滿足早期研究者和在該研究領域內有瀕死體驗者的需求，成立了國際瀕死研究學會。該協會的主要目標之一就是促進對瀕死體驗和類似的體驗，鍥而不捨地進行負責任且多元學科的調查。協會允許研究人員、醫療專業人員、瀕死體驗者以及那些感興趣的人參加。隨著瀕死研究的逐漸發展，後來的研究人員開始將對瀕死體驗的研究引入學術中。與此同時，瀕死體驗的研究領域逐漸擴大，涉及醫學、心理學和精神病學等多個領域。

對瀕死體驗的研究仍在進一步細化分工。一些醫生開始將瀕死體驗引入臨床工作，而另一些人則將人類群體進行劃分，比如對兒童瀕死體驗進行研究。此外，還有一些研究人員調查了瀕死體驗中的神經生物學因素，試圖從根本上解析瀕死過程的奧秘。

就目前來看，關於瀕死體驗的認知中，比較成熟的觀點是，瀕死體驗可劃分為五個階段。

第一階段，安詳和輕鬆。大約57%的人有這一階段的體驗，他們在生理和心理上大多具有較強的適應力。這一階段的具體體驗是，體驗者的身體隨風慢慢地飄揚，當飄至一片黑暗中時，感到極度的平靜、安詳和輕鬆。

第二階段，意識逸出體外。35%的人會覺得自己的意識游離到了半空中。這讓人覺得彷彿是靈魂對肉體的一次出離。此時，出離的靈魂是置身軀體之外的，所以關於別人對自己軀體的一切動作，意識都能「看」得一清二楚。而有時候，這種自身形象還會返回軀體。

第三階段，通過黑洞。如上所述，23%的瀕死體驗者會覺得自己被一股旋風吸到一個巨大的不時出現嘈雜音響的黑洞口，並且在黑黝黝的洞裡飛速地向前衝去。此時體驗者的身體被牽拉、擠壓，但是，他們的心情反而因此更加平靜。

第四階段，與親朋好友歡聚。穿過隧道和黑洞後，體驗者會在盡頭看到隱隱約約閃爍著的一束光線，他們越接近這束光線，內心越感到溫暖。在光線下，體驗者不僅可以看到自己的親朋好友，甚至還能看到天使。而這種溫馨充實的感受就像到達了天堂一般，有一種崇高的幸福感。這時，自己一生中的重大經歷也會在眼前一幕一幕地飛逝而過，而其中的大多數都是令人愉快的重要事件。

第五階段，與宇宙合而為一。*10*％的體驗者感到他們和那束光線融為了一體，而實際上，他們會覺得自己猶如和宇宙融合在了一起，同時得到了一種最完美的愛情，並且在這一瞬間參透了宇宙的諸多奧秘。

當然，這五大階段只是一種統領式的概括，事實上，瀕死體驗肯定會因人而異，而醒悟感、與世隔絕感、時間停止感、太陽熄滅感、被外力控制感、被「閻王審判」感、升天成仙感等都曾在體驗者的經歷中出現過。

近些年，隨著瀕死體驗研究如火如荼地進行，我國的一些專家學者也開始將目光聚集到此領域，來討論瀕死體驗的普遍性和獨特性。

天津某醫院兩位教授曾隨機選取一百位唐山地震中瀕臨死亡後經搶救脫險的截癱病人進行調查，結果發現有半數以上的瀕死體驗者對軀體有陌生感，但是他們的思維特別清晰，也具有走向死亡感、平靜和寬慰感、生活回顧或「全景回憶」及思維過程加快的體驗。可見，關於人的瀕死體驗東西方體現出了驚人的一致。

但是，關於用大腦缺氧來解釋光亮的出現，兩位教授並不認同。因為有時瀕死者周圍的空間很大，身體也沒有受到壓迫，並不缺氧，但他們也會看見亮光。此外，他們發現，若電擊大腦的某個區域產生類似光感就歸結出和大腦某個特定區域與此有關未免有些草率，只有在大量病例試驗的基礎上才可證明此推論的可靠性。

總歸而言，無論是國外還是國內，關於瀕死體驗的研究才剛剛開始，如愛因斯坦所言，還處在嬰兒階段。也許現在我們可以從中看出一些端倪，但是若要真正地從科學的角度認知瀕死過程，並從中解析靈魂存在與否的真正奧秘，還有很長的路要走。

第十一章　面對死亡：創造精神上最富有的時光

雅克·杜瓦榮：對於死亡，孩子有其本身的直覺

關於孩子眼中的死亡研究往往是個未知的盲點。在兒童的眼中，死亡到底是什麼？是人來車往，一片歡笑，繁花似錦的天堂，或只是一個混沌未知的動作？死亡帶給孩子的真正的直覺感受究竟是什麼？而那一切的根源又是何處？

「我知道父親死了，但是無法理解的是他為什麼不回家吃晚餐。」

這是佛洛伊德在《夢的解析》裡記錄的一個很聰明的10歲男孩在他爸爸突然去世後說出的話。這印證了當年執導《小孤星》的法國導演雅克·杜瓦隆所言，即（對於死亡）孩子是有其本身的直

覺的。而事實上，這直覺裡很可能有著完全不同於常人定義的死亡的概念。

有時候當一個孩子發怒時，他會威脅說：「我要殺了你！」其實成人都很明白，這裡的「殺人」只是個概念，孩子們並沒有覺得殺人和被殺的人會有痛苦。下面的例子最恰當地證明了這一觀點。

出差回到家的時候，爸爸帶給小女兒一支槍和槍套。把新禮物繫在身上後，她拔出槍指著爸爸說：「你死了！我打死了你。」她爸爸回答說：「別傷著我。」女兒天真地回答說：「啊，爸爸，我不會傷害你，我只是殺死你。」

對於許多孩子來說，死亡只是一個簡單的概念，只是一件稀鬆平常的事情。在他們眼中，死亡不會奪走什麼，所以面對死亡，他們也就不會產生因失去什麼而悲傷難過的心理；死亡如同一個人去上班或者去出差了一樣，死了的人還會下班，還會回家、團聚，在他們睡覺的床頭講美麗的童話故事。孩子們也會經常與小夥伴們玩裝死亡的遊戲，那是一種樂趣所在。對於孩子們而言，死亡並不是什麼恐怖的事情，也許他們認為，「只有老人才會死」。

一個5歲兒童目睹了小弟弟之死——他是被卡車輪輾過頭顱而喪命的。想要在家裡守靈的父母問這個倖免於難的哥哥，如果他在盛放弟弟遺體的家裡守夜，他有什麼想法。兒子的問題卻是：「（弟弟）看起來受傷了嗎？」

對哥哥來說，弟弟殘缺的身體看起來好像是受傷了，所以家裡才會如此沉靜和肅穆，大人們的忙碌大概就是為了讓弟弟恢復健康吧。

在20世紀40年代初期，匈牙利一位名叫瑪利亞納吉的人開展了對兒童眼中的死亡的認知研究。她發現，兒童認識死亡的過程一般出現在3～10歲，可分為3個發展階段。「在3～5歲的第一個階段，兒童把死亡理解為不知道人為什麼不再活躍了，死者『活』的狀態是變化的，並且能夠重新恢復正常的生活。在5～9歲的第二個階段，兒童把死亡理解為最終的，不過又是可以避免的，並且缺乏必然性（都會死）和個體關聯性（我會死）。在9～10歲的第三個階段，兒童將死亡理解為一種生物學進程的結果，認為它是最終的、不可避免的、普遍的和人人有份的。」

總體而言，孩子對死亡的認知過程大致如此，但是，實際情況遠遠複雜於這樣的歸類。因為家庭教育、成長環境及文化背景等的差異，不同地域的同年齡層兒童對死亡的直覺感受是不一樣的。

一個1歲半的男孩跟著爸爸在外面散步，突然他爸爸不小心踩到了一隻毛毛蟲。孩子蹲下身，注視著躺在人行道上僵死的毛毛蟲，說：「不動了！」

「不動了」是兒童對死亡認知的典型起源，但是相似的經歷在不同的兒童身上引起的反應可能截然不同。有些孩子一開始會在內心產生疑問或感嘆，但是隨著不遠處的喧鬧聲的響起，他們的注意力會被迅速轉移，並從此淡忘；有的孩子卻能對毛毛蟲的屍體注視很久，眼神裡滿是天生的關切和憐憫，並為此多日糾結不清。這些不同的表現行為體現的是孩子本身對死亡的直覺感悟的差異，而這種直覺差異會為其以後生死觀念的形成埋下伏筆。

一個兩歲孩子的奶奶去世了，悲痛中的爸爸將這個消息告訴了他，孩子很茫然，便問爸爸什麼是「去世」。爸爸一時也無法作出更多的解釋，便說「去世」就是不在了。後來有一天，孩子杯子裡的牛奶喝完了，他就對爸爸說：「爸爸，牛奶去世了。」

孩子對死亡的直覺感受沒有絲毫的恐懼，他們表現出來的更多的是一種淡然，一份孩童的本初理解，可以說這近似一次心靈的覺悟旅程。這一方面也許源於他們對死亡的未知，另一方面也許更是因為生命本就是一種無所畏懼與顧忌的本真，具有一種潛意識裡的混沌感。而正是生命的這種特性，讓死亡顯露出其真正的面目，在孩子純真的世界裡陽光般成長。

安妮寶貝：對孩子進行溫暖的「死亡教育」

孩子們除了需要學習數學、寫作、閱讀以及其他相關的知識外，還應該接受莊嚴的死亡教育。我們有必要告知他們死亡並不是每個人最終必須面對的病態、痛苦的事情，而是如同日常生活一般，猶如看一場球賽或者去商店買一塊蛋糕一般平常。也就是說，死亡也應該成為學習的一部分，成為人生旅途中一門可傳授的課程。這不僅是對孩子未來生活必須負起的一種責任，更是對所有生命本意的尊重。對未知甚至有些神秘領域的引導與探索，不僅可以驅動孩子們強烈的好奇心，更能夠讓他們在未來的人生道路上形成正確的死亡觀念，珍惜生命，無懼死亡。

此外，現實世界的紛繁雜亂也提示人們對兒童的死亡教育迫在眉睫。兒童自幼便具有的好奇心在得不到正確引導的時候，他們只能從電視、電影、報刊、童話故事書（乃至神鬼故事）中自學（或者模仿）來獲得相關知識，而這樣往往會使他們產生錯誤或片面的死亡認知，影響其對死亡的態度，導致其產生恐懼、害怕等負面且複雜的情緒。

但是，這時候我們不能老調重彈，不要宣揚萬物終有一死、塵歸塵、土歸土之類的論調，我們要溫柔而不厭其煩地跟他們解釋，讓他們感到生與死是一體的，如同落葉從樹上飄落，流水從溪澗流過。正如安妮寶貝為那本教授孩子認知死亡的著名的童話書《天藍色的彼岸》所作的序中所說的，這是一次溫暖的關於死亡的啟蒙，成人所負有的責任便是對孩子進行類似的溫暖的死亡教育。我們可以幫助孩子們解疑他們的好奇心，使他們瞭解死亡並不僅僅是疾病、老邁、不可預知的事故以及廢棄了的身體，還要告知他們，死亡是生命的一部分，無處不在，無時不有，如同春夏秋冬四季的更迭，晨起的燦爛日出，黃昏的絢麗晚霞，每一天我們都可能歷經死亡。

阿狸陪媽媽去山頂看夕陽。夕陽把整個世界都塗上了金色，整個山脈散發著光輝。山頂的風有點大，但是媽媽身邊很溫暖。

媽媽忽然說，要是有一天她死了，就要埋葬在這兒，這樣就能每天看到這裡的夕陽了。

阿狸問：「死是什麼？」

媽媽說：「這可真是一個很難回答的問題，就是暫時離開的意思吧！」

阿狸說：「那多久回來呢？」

媽媽說：「嗯……也許很久……」

阿狸問：「我乖乖上床睡一個午覺，你就回來了吧？」

媽媽微笑著搖頭。

「我坐小鎮的火車，從第一站坐到最後一站，你就回來了吧？」

媽媽微笑著搖頭。

「那等到我乖乖聽你的話，把屋子收拾好，你就回來了吧？」

媽媽微笑著搖頭。

「那等到冬天下雪的時候，你就回來了吧？你說過每個冬天都要給我做新帽子的。」

媽媽微笑著搖頭。

「那等到我種的樹苗長成大樹，你肯定就回來了吧？」

媽媽依然微笑著搖頭。

「媽媽，那你什麼時候回來呢？」

媽媽笑著摸著阿狸的頭說：「我的傻孩子……

「世界上睡得再久的午覺，也能等到醒來的時候……

「再長的旅行，也能等到終點到達的時候……

「再冷的冬天，也能等到過去的時候……

「再嘈雜的世界，也能等到安靜的時候……

「可是，只有死亡，卻是越等越遠啊……」

阿狸哭得很傷心。

「那我是不是就再也見不到你啦？我不要！」

「不會的，小阿狸。」

媽媽抱著阿狸微笑著說：

「如果有一天我不在了，你儘管再也聽不到我的聲音……

「再也看不到我……

「但是你會感覺到，我在安靜地陪伴著你。

「當你在後花園的時候，我從廚房的窗戶安靜地看著你。

「當你在廚房的時候，我在臥室為你打著毛衣。

「當你在臥室的時候，我在客廳看著報紙。

「當你在客廳的時候，我在後花園整理我的百合花。

「你看不到我，我卻未曾遠離過你。

「我的小阿狸，你要知道，我永遠愛你。」

於是，在那個黃昏，聽不太懂的小阿狸忽然覺得有些悲傷和幸福。

死亡是「我雖然不在你身邊，卻無時無刻不在為你守候」。這是一種有點悲傷的幸福，是些許失落的欣慰。對於孩子來說，這種關於死亡的朦朧啟迪會促使其對死亡抱有一種安然接受的心態，不畏懼亦不欣喜，不焦躁亦不靜默；瞭解到那是一種訣別的淒涼，但並非一去不返，那人已不在我們的目光所及處，卻分明鮮活在我們的心中。

區別於生活中的感性教導，學校中的死亡教育則顯現了一種理性的溫情。

黛尼爾是美國一所幼稚園的老師，有一次他們班上一個叫蒂米的男孩因為腦癌去世了。黛尼爾本想告訴同學說蒂米轉學或出遠門了，但後來她還是讓孩子們圍坐在她的身邊，輕輕地告訴孩子們蒂米死了。孩子們知道蒂米再也不回來了，黛尼爾沒有搬走蒂米的桌子，所以孩子們便在老師的提示下給蒂米買了很多他喜愛的關於恐龍的書，並用恐龍貼畫裝飾他的桌子，在桌子下面的地毯上擺上恐龍玩具。這不僅使孩子們悲傷的情緒透過有益的途徑得到宣洩，也使大家得到了一次溫情的教育：蒂米和大家在一起的日子永遠難忘。

這無疑是一次溫暖而成功的死亡教育，對孩子而言，這樣的死亡教育意義深遠而重大。坦誠地告知死亡比刻意地迴避和隱瞞死亡的真相更可以使痛苦的時長縮短，讓生者透過這一次面對死亡更容易、更坦然地接受生命中其他的諸多死亡，消除對死亡的恐懼和未知，並以一種充滿溫暖的人文關懷的理念來祭奠逝者，讓生命更增添一種積極向上的情懷。

梅瑞狄斯：我們的未來不斷使過去出現在我們的心靈中

孩提時我們對死亡的無負擔認知，漸漸地為成年後面對死亡平添一對厚重的羽翼。生命漸行漸遠，死亡無以復加，父母之逝、伴侶之殤、朋友之沒，死亡對生命和情感維繫的攫取讓我們倉皇失措、無所適從；然這愛終究要遠走，這情總歸要結束。與其說這是情深緣淺的宿命輪迴，不若說這是生死與共的心靈滌蕩，把悲傷流放遠方，堅守心中的愛，然後，讓死亡幻化成穿越人海的光芒，永誌不忘。

*19*世紀英國作家梅瑞狄斯說：「過去是我們臨終的母親，並不是已經死亡的事物。我們的未來不斷使她出現在我們的心靈中。」這樣的結語恰可適用於成人在面對死亡時的種種無措。

對許多人來說，失去父母是自己一生中遇到的最難面對的災難之一。而喪親後的悲傷以及那種持久的、聊以自慰的回憶逐漸變得厚重而抑鬱，錯綜複雜，令人久久無法釋懷。那是一段動盪和過渡的時期。子女必須重新近距離地審視自己的生活，以更全面地看待繼續生活下去的意義。心理支柱的崩塌使得成年子女不得不完成角色的轉換，以應對不再有父母可以「依靠」時所產生的「發展的壓力」。這不僅是一種安全感的喪失，更是為這種長時間培育起來的親子關係的中斷而產生的長久的痛的彌散。

美國詩人科尼利厄斯．伊迪有一段回憶父親的文字：

「白天在家裡，我母親醒來後，總會回憶與我父親的空椅子有關的往事。

「在佛羅里達，我妹妹偶爾夢見我父親回來了，他們在一起聊天。

「他已經去世了，死了一年多了。再次聽到他的聲音我會何等歡欣啊，現在他卻只能活在人們的心中了。

「如果我能像在古老的聖歌中所唱的那樣，我就能夠接通與另一個世界的電話，我就能夠聽到他說話，告訴他一週以來的榮耀：我在離塔霍湖幾英里的滑雪勝地教詩歌，獲得意想不到的成功，許多讚譽之詞給我帶來極大的快樂。

「如何才能讓他相信我擁有的這一切，包括現代化的住宅、我窗前的池塘、詩歌創作中偶爾迸出的一些佳句……我的父親，他會懷疑他沒有拿到手的任何東西嗎？

「很可能，他會聽，然後就像他往常那樣問我，我的妻子是否還有收入頗豐的工作。

「我不能告訴你為什麼，不過如今，我不會再為他的關心而感到不耐煩了。要是以前，我一定會心裡想著『你真是個傻瓜』，並頂撞他：『我當然還在教大學。這是夏季，你知道嗎？』

「如今，我不會讓自己追悔莫及，如果他像往常那樣問我『他們待你怎樣』時，我一定高興地回答說：『很好，爸爸。他們付錢讓我寫你的生平呢。』」

透過這段平實的文字，我們可以察覺，對與父母相處的往昔的追悔往往讓子女陷入長久的切膚之痛中，無法輕易釋懷。我們常常捫心自問：「為什麼當初不聽他們的話，為什麼沒有常回家看看，為什麼沒有多抽點時間孝順他們？」這種日漸加重的愧疚感會讓失去親人的悲傷在生者的心中進一步放大，使之背上沉重的心理負擔。

這並不是死亡的本意，真正的對死的認知應該是永遠珍視回憶，並給予生者永恆的關懷。伴侶之間亦是如此，配偶一方總會先於另一方死去，而後逝者不得不孤獨地生活下去，但是「每天發生的事都在時時提醒伴侶的不在。坐下來吃早餐或者午餐、打開郵件、聽一首特別的歌曲、上床睡覺……一切均成了痛苦的根源，而這些以前曾是歡樂之源。每一天都充滿了挑戰和極度的傷感」。

瑪克辛．多德．詹森講述了這樣一件事：

「傑克，早餐你想吃點什麼？」星期天早晨我問女婿，那是舉行葬禮的第二天。

「一份煎蛋。」他回答說。

這麼簡單，然而，我從未煎過蛋。

我丈夫曾是廚師，我們經常在週末吃煎雞蛋。接著我匆忙起床跑下樓把內衣丟進洗衣機，用吸塵器打掃房間，所有的其他家務都在等待我這個有班要上的人去做。

我站在那兒，一隻手拿著煎鍋，另一隻手拿著雞蛋。未來該有多少次我會發現自己就這樣傻站著呢？有多少事情我從來沒有做過呢？有多少東西我曾經認為是理所當然的呢？

配偶的離去讓習慣轉變為一種被抽空的痛感，曾經很多理所當然的事情在此之後凸顯出來；原本平凡的日常生活一下子變得手足無措，於是懷念更加濃烈。

摯友的離去同樣會帶來難以言說的傷痛。對於生的一方而言，那是心靈上的一個崇高而穩定的夢想的破碎，是投射自己的一面鏡子的匿跡，並且愈是年長的人對此愈是感到歲月的滄桑和迷茫。因為社會已經邁過了他們的時代，而唯有自己的老朋友還與自己並肩而行，摯友的離去昭示著他們那個時代逐漸坍塌，隨之而來的便是孤獨和悲涼。

然而，無論如何，我們都不應過多地為這般自然規律憤懣或惋惜。死亡是上帝給予命運的恩賜，是每個人生命的一部分。無論是父母、配偶還是親愛的摯友，因為他們的離去我們更能理解生命的真正意義，從而也更會懂得活著的珍貴，創造更豐富的時光！

羅素：死亡，如滴水流入大海

當生命步入遲暮之年，容顏老去，步履蹣跚，一世的風雨與滄桑都化作天邊的霞光，伴著夜色的來臨歸於沉寂。死亡對老年人來說是個沉重的話題，越是臨近，越是誠惶誠恐、惴惴不安。死亡彷彿一位隱匿於暗處的殺手，透著一股愈來愈重的殺氣，將隨時把我們拽入黑暗的深淵，一去不返；甚至，我們都來不及道別。

對死亡的恐懼較之年輕人來說，多數的老年人更做不到坦然地面對，儘管他們表面上顯得那麼不在乎，但是實際上他們內心的孤獨和懼怕比年輕人有過之而無不及。端正老年人的死亡認知，使其能夠從心理上真正接受死亡的不可逆性和無可畏懼性，有助於他們安然地享受生命的最後時光，創造精神上最富有的生命價值。

老年人在意識到自己已進入遲暮之年時，往往會主動為了自己的辭世做準備。美國哲學教授傑伊．羅森堡說：「我們每個人總有一天會死的事實構成和渲染我們的意識。」而他也補充說：「理性人的一個標誌就是，他過著一種適合於一個行將就木者的生活——他懂得在自己的生命結束前不拒絕、不抱怨，莊嚴而寬容地接受從青年到老年這一必然發生的過程——因為它是生命曇花一現的外在標誌，並且審慎地為他自己的辭世做著安排和準備，以便讓那些在他身後續寫生命華章的人享有安康和進步，然後，他自己安然地走向人生盡頭。」

默格勒先生，是一名加拿大鋼琴教師。70歲時，默格勒被查出患有癌症，他已經別無他念，決定要自己安靜地走完最後幾年。

2002年的一天，默格勒在公園認識了一位叫欣本的12歲中國女孩，聽她的父親說欣本正在找鋼琴老師，默格勒沒等他說完就搶過話說：「請讓我教這孩子鋼琴吧。」他只是象徵性地收取了一點教課的費用。

欣本的母親聽說後以為可能是老人教得不好才收費少，也可能老人生活寬裕不在乎錢。當她帶著女兒來到默格勒家後愣住了：一間五、六坪大的房間裡，一架擦得晶亮的鋼琴，一張單人床，一尊貝多芬的小塑像擺在鋼琴上，其他就是書，鋼琴譜、音樂書整齊地放了一屋子。默格勒很怪，每次上課前都要穿好西裝，他不僅教琴，還給欣本講了很多偉大作曲家的故事，有時甚至讓欣本自己創作曲子，他說：

「音樂是超脫世俗的東西，當你演奏音樂時，應該感覺到靈魂在飛舞……」

後來，默格勒將每天一小時的音樂課免費增加到了兩小時，就這樣一直教到2003年。

最終，默格勒老人住進了醫院，骨瘦如柴的默格勒將陪伴他走過音樂之路的貝多芬塑像和一張小卡片交給了前來探望他的中國夫婦。卡片上寫道：

親愛的欣本：

我實在不願向你說再見，但是我太虛弱了，我不能再教你了。

欣本，我非常愛你，你要永遠記住你是我最好的學生。

請將貝多芬的塑像永遠放在你的鋼琴上，就像我生前所做的那樣。

愛我並永遠記得我。

默格勒先生
2003年4月

默格勒還親自找到另一位鋼琴家亞歷山大．索洛夫，將欣本託付給了他。2003年5月25日，默格勒永遠地閉上了眼睛，享年77歲。

默格勒無疑是一位值得我們尊敬的老人，知道自己因為癌症而將不久於人世，還是傾盡自己的所有為欣本創造了一個美好的未來。音樂是連接他們的橋樑，但從中，我們看到的更是一種生命的延續。默格勒的生命融入了音樂的海洋中，與欣本不期而遇的緣分則透過音樂讓他獲得了新生。這不禁讓人想起羅素的那句名言：「一個老年人如果能學會關心他人，使自己的生活匯入整個世界的生活中，他就會像一滴水歸入大海，慢慢地忘記了自己的存在，最終，也不會再有對死的恐懼。」

美國心理學家羅伯特．巴特勒說：「我們誰也不知道我們是否已經享受到了我們生命的最佳年華，或者是否還有最佳的時期在等待著我們。但是，人類的最偉大的可能性應該堅持到生命的真正盡頭——愛和感情、和諧和解惑的可能性。」

凌晨4點，沈文君終於鬆了一口氣。望著母親睡去的表情，她的內心充滿無盡的感慨。母親一病就是18年，病的時候沒日沒夜，就連孫女的婚禮也錯過了。能把母親送去養老院嗎？不是沒想過，可是，真的捨不得。

談女士躺在床上也是輾轉難眠。老父親最愛吃甜食，苦了一輩子，本以為可以享享清福了，可是如今的糖尿病讓他連這一點希望也失去了。談女士在想，不管怎麼樣，也要讓父親嘗到心中的那一份甜。至於護理的苦，談女士不願意去想了。

黃太太夫婦躺在床上，又把鬧鐘調到了8點。父親癱瘓在床，大小便無法自理。上次父親尿床後，為了讓她多睡一點，硬是忍了一晚上也沒有叫醒她。黃太太第二天知道後自己大哭了一場，然後買回了一個更大聲的鬧鐘。

疾病疼痛和死亡都是繞不開的困境。對於老人來說，孤獨以及被子女遺棄的現實比死亡更可怕。越是得不到現實中的善待，老人們越難以參透死亡的真正意義。為人子女者要讓老人們在生命的最後時光裡體會到充實而細微的愛，讓生命的最後旅程不再寂寞，唯有如此，他們才能擁有如滴水融入大海般的歸宿感。正如有人所說的：「都會死的，不管是人、樹，甚至房子都會塌。哭沒有用，要趁它們還在的時候好好待它們，到時候土堆裡面的和外面的就都安心了。」

西塞羅：包容不可逆轉的現實

每個人都懼怕衰老，怕自己虛弱無力，怕自己落伍被人厭棄，怕自己陋習成自然，自己也不自愛，更懼怕緊隨其後的死亡。

我們該如何面對日漸到來的衰老呢？即使我們還年輕，有嬌嫩的容顏，有強壯的體魄，然而，和死亡一樣，衰老也是與我們相伴相依的。面對衰老，我們需要的是一種優雅從容的態度。

在人生的任何階段，都不要放棄人生目標，哪怕只是一個小小的夢想。克拉麗·莫蘭特斯在*106*歲時逝世，她*90*歲時的願望是照顧好自己的弟弟妹妹。事實上，在*100*歲之前，她確實一直照顧著比自己小八九歲的弟弟妹妹。有目標的人會以樂觀的心態與周圍的人接觸，從而獲得更多的溫暖和安全感，減少孤獨感，這樣的人看起來會比實際年齡年輕很多。

然而，老年人該如何面對自己的老年生活？古羅馬作家西塞羅在《論老年》一書中以少見的樂觀主義情緒面對衰老，他將老年的閒暇看作一生辛勤勞作的報償，能夠從容地欣賞人類的藝術作品，更深刻地觀察人類社會的種種現象，作出有益的判斷。正如西塞羅所認為的，我們需要做的便是包容不可逆轉的現實。這樣老年人才會有積極樂觀的態度，才能獲得青春的活力。

林．韋爾福德在橫渡佛羅里達河時，看到一群歡快戲水的水獺。她發現水獺很會自己找樂子，又不乏冒險精神。她說：「我更像一隻海狸，總是任務纏身，每天忙忙碌碌，如果做得不夠好就會感到內疚。」慢慢的，她努力讓自己變得像一隻快樂的水獺。

此外，老人在被病痛折磨時，也要以積極的心態去面對，而不是以自己的痛苦比較其他人的幸福。不要忘記，自己處於同樣階段時，亦有煩惱和痛苦，而且似乎是無窮無盡的。

在美國，你會發現，那裡的年長者對自己的儀表儀容比較重視，主要表現在刮鬍子、修指甲、理髮、化妝、衣裳等方面。不少老人都穿著顏色鮮豔的服飾，還講究搭配。絕不因衰老而自我放棄，相信人生每個階段都有其意義所在，並且使其綻放無上的光芒，是老人對自己的責任。

最後，對於中年人來說，突然發現一向健康的父母身體大不如前，也是一個不小的打擊。對於你來說，你必須迅速扭轉對父母的認知，應承擔更多的責任。專家認為，在意識到父母年老時，子女應做到以下兩點：第一，應當冷靜地接受這些反應，如果你不嘗試抗拒它們，這些反應就更容易被接受，從而幫助父母接受自己的衰老。第二，做力所能及的事，不要過於苛求自己。你無法阻止他們衰老，你所能做的只是幫助、照顧他們，並將積極快樂的心態帶給他們，而不是帶給他們孤獨感。學會處理這些情感與問題，能夠讓你更加輕鬆地面對生活，使你在父母有生之年，能更好地盡到做兒女的一份孝心。

現實生活中，很少有人能夠面對衰老和死亡不動聲色。衰老並不是老年人的專利，它出現在人生中的任何階段，毫不客氣地說，生命是一個不斷衰老的過程。既然和死亡一樣，衰老也是一種常態，我們就更應該微笑面對它、接受它，視其為生命的一部分。也唯有如此，在面對死亡時，我們才能夠泰然處之。

第十二章　人到底有沒有靈魂

劉小楓：靈魂是人身上最靠近整體的部分

人到底有沒有靈魂？

這是人類探究了數千年的命題。根據近代考古學家和人類學家的研究結果，人們推測距今兩萬五千至五萬年前的人類就已經具有了靈魂的觀念。而在生產力極為低下的遠古時代，人們便創造了脫離於肉體、永遠不滅的「靈魂」概念。

在西方，靈魂的最初含義似乎是一種生命的氣息。《舊約》中講到上帝造人時有這樣一段話：「耶和華上帝用地上的塵土造人，將生氣吹在他鼻孔裡，他就成了有靈的活人，名叫亞當。」而在西方的宗教經文裡，關於「靈魂」的記載比比皆是。他們一致認為靈魂來自一個全能的神靈，當肉體死後，靈魂並不會隨之煙消雲散，而是會升上天堂，接受上天的審判。

在中國，有關靈魂的那點事也是自古即有。《禮記》中記載：「骨肉復歸於土，命也。若魂氣，則無不之也。」意思就是說，人死之後，肉體雖歸於土，靈魂卻離開肉體，自由翱翔，到生前意念最強、回憶最深的地方停留，以與曾經融為一體的肉身作一個單獨的告別。

但是，如若果真有靈魂，那麼它必定有著身輕如燕的水上飄輕功，常常行走在肉身無法到達的地方。靈魂是江湖傳聞中的絕頂高手，有著飛簷走壁的絕世武功，它既可能是充滿靈性的智者，也可能是內心骯髒的賭徒。不過，無論靈魂的角色善惡與否，它都如學者劉小楓教授所說的，「是人身上唯獨向整體開放的部分，是人身上最靠近整體的部分。」

在人的所有組成部分中，靈魂是最能體現個人內心想法的部分。所以，相對於其他部分與整體的聯繫，靈魂是最不可放棄的東西。

作家周國平曾說：「我們到這個世界上來的時候本沒有名字、沒有身分、沒有職務，什麼都沒有，這些東西都是後來附加的。可是後來，慢慢的，我們就不是作為一個生命來生活了，而是作為一個身分或者所謂身價。」

周國平其實在告訴我們，我們要追求生命中本質的東西來生活，而靈魂是最靠近生命本質的東西。當我們學會用靈魂生活，就可以最靠近真、善、美。我們就會知道生命中最需要的是什麼，就不會再盲目地追求物質的東西，而更在乎精神上的富足。
也許關於靈魂探討的最重要意義就在於此。

柏拉圖：堅信靈魂的不朽

美國心理醫生布萊恩·魏斯認為，人是有靈魂的，而且這靈魂永生不朽，其與我們的生活方式以及基因的遺傳等有相似的地方：「我們會給下一代遺傳基因、傳承信仰、延續愛好以及生活方式，而他們也會生生不息地傳承給後世的子孫，我們的成就也可以得到傳揚，即使我們離世之後，我們的工作技巧、新型的創意，甚至製鞋方法、藍莓派食譜都會被保存和繼承下來。但我要說的是，我們最重要的一部分——我們的靈魂將永生不朽。」

相較於蘇格拉底最早的關於堅信靈魂不朽的解答，柏拉圖在《斐多篇》中對靈魂不朽的論證也許更為著名。柏拉圖認為：「活的東西和活人是從死的東西中產生出來的。」這是對靈魂不朽的一個主要論證，並且柏拉圖還談到學習就是回憶起在另一個生命中所獲得的知識。最後，柏拉圖更是直接提出一種簡單而帶有強迫性的想法，即真、善、美這些東西是永恆的，而靈魂早在人出生之前就對這些東西有所領悟，因而靈魂也肯定與真、善、美一樣，是不朽的。在此，柏拉圖以兩匹馬象徵人的二重性，即感性和理性，而靈魂無疑承載著柏拉圖對人性的刻畫。

除了蘇格拉底和柏拉圖關於靈魂不朽的闡述之外，《中華大帝國史》中也詳盡地描寫了16世紀中國民間關於靈魂不朽的忠實信任。這本對當時的歐洲影響甚廣的書是由西班牙奧斯定會修道士胡安·岡薩雷斯·德·門多薩所著。在其中的一節，他對這種靈魂不朽的祭祀儀式描寫得非常細緻，讓人彷彿回到了當時的中國，頓生身臨其境之感。

「他們堅信靈魂來自上天且永不泯滅，堅信是上天給了他們永恆的生命。如果在上帝把他們降在現世的這段時間裡，他們能按自己的戒律生活，不作惡，不騙人，歿後他們就會被帶入天堂，變成天使，永享幸福。反之，作惡多端的人將在魔鬼的督押下步入黑暗的地獄，永受磨難。他們認為，靈魂離世，要先去一個地方，洗刷在現世所犯的一切罪行，為儘快洗刷罪惡，親朋好友的幫助是必不可少的。」

接下來他便記述了祭祀時為死人祈禱的詳細過程，這種祭祀的目的就是「說明死者洗清罪行，否則他就不能成為天使，享受天堂賜予的幸福」。祭祀完了以後，參加祭祀的人以及死者的家人要很歡快地吃掉擺在桌上的祭祀食品，並在一起度過一整夜，直到天亮。「他們斷定，這樣才能滌清逝者靈魂的污穢，使之變成天使。」

有關於靈魂不朽的最直觀形象的描述還是布萊恩·魏斯醫生在《輪迴：前世今生來生緣》中長篇累牘的講解。在其中，他不但認為每個人都有靈魂，而且靈魂在人的肉身消失之後依然可以存在，可以數次返回人間，進入不同的身體。最吸引人的是，他在諸多病患身上所親眼看到親耳聽到的一系列事實，讓他對靈魂不朽之說深信不疑。下面是他著重描述的一對前世的姐弟今生的戀人的案例。

「伊莉莎白與佩德羅在前世是一對姐弟，今生又重聚。他們同為我的病患，但就診時間不同，在每週不同的日子裡，這兩個年輕人前生的種種在同一間診室裡一幕幕重現。他們來自不同的國家，有不同的文化背景，甚至我本人也在很長一段時間裡絲毫不曾懷疑過兩人有任何聯繫。

「兩個憂鬱的年輕人，同樣經歷過失去親人的悲慟，同樣迷惘於對愛人的尋覓。在一次又一次回到若干前世找尋答案的歷程中，他們發現著、學習著、恢復著。佩德羅的弟弟因車禍夭折，深切的悲傷侵蝕著佩德羅的內心，然而在診療的過程中，他一次又一次地在前世找到『弟弟』，而這個靈魂伴侶也以不同的身分陪伴著他，哀傷由此得以痊癒。伊莉莎白與佩德羅的重逢，讓我們知道你的靈魂伴侶前生今世都在你身邊，即使短暫離開，來生他還會與你相見。」

也就是說，所有關於前世今生的聚首等都是靈魂在人間和另一個世界之間穿梭的結果。能看到前世自己的病患約有四千名，而這的確是個在統計學意義上有效的推斷。

進而他說，靈魂之所以來回穿梭，是為了在人世不斷學習、提升。但是，靈魂在離開肉身之後究竟存於何處以及靈魂學習提升是否有止境等疑問，布萊恩．魏斯醫生尚沒有得到很好的解釋。

最後還有一點必須重視的，如他所述：「我們的靈魂永遠不滅，既然如此，我們就該把不朽當作一種祝福；或者，說得更簡單一點，我們要為不朽早做準備，以使我們的靈魂更快地進化成長，更接近療癒的目標，更靠近較高的意識層次的次元境界。如果我們不做準備，就得不斷重複此生的難題——重新輪迴，不斷學習實踐今生沒有學習好的一切。我們無法明悉此生該學會的教訓，就拖延了來世的生命。」

所以說，我們最好還是做足準備，以便在來世向更高的層次邁進。

伊壁鳩魯：靈魂將隨著身體的死亡消失殆盡

伊壁鳩魯的靈魂學說繼承的是德謨克利特的衣缽，他們都承認世界的本源是原子，而且伊壁鳩魯承認靈魂的存在。

「靈魂是彌散在整個有機體中的最精微的物體。」也就是說，他認為，靈魂只是原子的一種，並沒有什麼神秘的地方。伊壁鳩魯接著說道：「我們必須記住：靈魂是感覺的重大原因；但是，如果靈魂不被有機體的其他部分包住，就不能進行感覺。有機體的其他部分因此分有靈魂的某些功能（但不擁有），若整個有機體毀掉，靈魂就四下消散，不可能再擁有自己的功能和運動，從而也就不再擁有感覺。」

在這段話裡，伊壁鳩魯談到了靈魂與有機體的關係問題。一方面，有機體分有一部分靈魂的功能，前者為靈魂所指揮去感覺世界；另外一方面，靈魂的自然本性就在於它和身體的不可分離性。靈魂和有機體的這種相互依存相互依賴的關係說明有機體的毀掉即意味著靈魂不存在。伊壁鳩魯由此提出結論：「我們只活一次，我們不能再次降生，從永恆的角度講，我們必將不再存在。」

伊壁鳩魯關於靈魂的論點使得其對人生的感覺占據了統治地位。而這種以感覺為中心的哲學觀點雖不是主流，但也星星點點見於各處。

「雙手顫抖著掌控身體的平衡，我怕我唯一的依靠就這樣失去。我牢牢地抓住了這根救命稻草，哪怕它就要消亡。我還是沒能說服自己去把握，把握那小小的觀念，它已經在我身體裡發了芽，生了根，把我定在原地不能動彈，哪怕移動一點點都是奢望。我此刻在害怕也在恐懼，它只是悄無聲息地走到我的身前，我瞧不見前面泥濘，也看不見前面的鞦韆，後面是滾滾浪濤，它在捶打我的身軀，一點點地向腳下倒去的我只是默默地哀怨，沒人憐憫、沒人瞧見，況且我也沒出聲音。我聽見細小的聲音在告訴我，救我，救我……一陣風吹到，我消失了，沒了身軀，沒了靈魂，也沒了願望。」

這是一篇文學作品中關於靈魂寂滅的描寫。對於「我」而言，靈魂是依附於身軀而存在的。身軀在靈魂在，身軀亡靈魂即沒。很明顯，這樣的描寫即是伊壁鳩魯關於靈魂觀點的直接反映。

伊壁鳩魯透過對靈魂解析發現，靈魂也是由物質組成的，沒有什麼神秘的地方。在他看來，靈魂的地位便被大大降低了。

此外，伊壁鳩魯關於靈魂的論點與宗教關於靈魂存在性的觀點幾乎完全是背道而馳的。宗教裡面的靈魂可以升天堂或下地獄，而伊壁鳩魯認為，靈魂遠沒有那麼神秘。當肉身消失殆盡，靈魂也便慢慢地隨之不復存在了。不過按照他的解釋，靈魂是部分地與有機體結合的，所以，人死亡後，靈魂並不是馬上就消失了的。

伊壁鳩魯關於靈魂的論點在現實生活中究竟有多大的積極意義或消極意義？唯有一個可以

「用」到靈魂的就是，靈魂是感覺的重大原因。

我們的歡愉、快樂、痛苦等感覺是不是有靈魂的一大半功勞？而靈魂依附於有機體，所以歸根結底，伊壁鳩魯的靈魂觀與感覺是合而為一的。

亞里斯多德：生物界有三種靈魂

亞里斯多德的靈魂觀聽起來稍微複雜了點，但其實是最樸實的。總體而言，他認為任何生物都是有靈魂的，但是生物界的靈魂分為三個等級，即植物靈魂、動物靈魂和人類靈魂。植物靈魂或營養靈魂是最低級的，其作用是攝取食物或增殖；動物靈魂又叫感覺靈魂，比植物高一級；人類靈魂又叫理智靈魂，是最高級別的靈魂。高級靈魂包含所有低級靈魂，所以人同時具有3種靈魂，這3種靈魂在人體中統一而不可分割地起著作用。

亞里斯多德的這種靈魂分法批判了2種傾向。一種是把靈魂當作獨立的運動實體的柏拉圖的觀點，一種是把靈魂和身體看成2個分離實體的二元論觀點。他的靈魂觀點是建立在有生命的實體生物上的。

由亞里斯多德的3個靈魂的觀點我們是不是可以說，亞里斯多德是敬畏和熱愛一切生命的？如若不然，他怎麼會把靈魂也「分」給植物和動物？他並非是把自己的學說和理論抽離在生命之外，而如此的原因，並無其他，而是他時刻進行的對人生的思考。

有關亞里斯多德的靈魂的學說，他在自己所著的《論靈魂》一書裡，有著詳盡的論述。他認為，靈魂是隨著身體的消亡而消滅的，所以，「無可懷疑，靈魂與它的身體是不可分的……或者，無論如何，靈魂的某些部分是如此的。」在亞里斯多德的眼裡，靈魂與身體是相互依存、相依為命的關係，有一種唇齒相依的宿命感。「靈魂必定是在一個物體的形式的內部就潛存著宿命的那種意義上的一種實質。但是，實質是現實，因而靈魂就是具有上述特徵的身體的現實。」

所以，對亞里斯多德的靈魂學說的首要認知便是「靈魂是身體的形式」。正是靈魂的這種形式使得身體成為了一個有機的能動的整體，作為一個合體而存在。在他看來，把靈魂從身體中孤立開來便失去了解讀靈魂本質的哲學意義，甚至是現實意義。靈魂之於身體，猶如雪蓮之於天山，河流之於大地。當追日的誇父倒下的時候，他的靈魂也便在蒼茫的宇宙中消融遁世了。

有一天，亞里斯多德正在海邊沙灘上走路的時候，看到有個人正在用勺子從海裡舀水再倒在岸邊他挖的一個小洞裡，一遍一遍，不厭其煩。亞里斯多德感到很奇怪，便問道：「等一下，我不想打擾你，但你在做什麼？」

那個人說：「我要用整個大海來填滿這個洞。」

即便是亞里斯多德，也忍不住大笑起來。他說：「你真笨！這是不可能的！海這麼大，你的洞這麼小——而且就用一把勺子，你簡直是發瘋了！回家休息去吧。」

孰料，那個人笑得比亞里斯多德還響，他說：「是的，我會走的，因為我的工作做完了。」

亞里斯多德不解地問道：「你這是什麼意思？」

他說：「你做的也一樣——甚至更傻。看看你的頭，它比我的洞還小。再看看自然、存在，它比這海洋還大。再看看你的思考——它們比我的勺子更大嗎？」這人說完便大笑著走了。

這次輪到學識淵博的亞里斯多德怔住了。

具體而言，他的3種靈魂學說包容了一切生物界有生命的實體。從這個角度來看，他賦予了每種生物獨特的價值和意義。

在亞里斯多德看來，靈魂是生活的動力，是生命的原理，是身體的形式，靈魂與身體是統一而不可分割的。但他又認為靈魂是生命的本質，身體只是靈魂的工具，只有靈魂才使得肉體的動作得以實現。

亞里斯多德既崇尚靈魂，又熱愛生命，這也許與他所具有的科學家的氣質密不可分。而從這點來看，亞里斯多德的靈魂論無疑也是崇尚生命的。由此延伸開來，生命都是有靈魂的。

而這與《百年孤寂》中的語調如此一致：「每一個生命都有靈魂，只是怎樣喚醒它們……」

喚醒靈魂，喚醒感知，喚醒生命裡最原初的記憶，在這世界，擁抱自己的生命旅程。

海明威：我的靈魂從軀體內走出來

關於靈魂的那些事，不僅在文學作品中頻繁地出現，偶爾也會光顧那些寫它的人。海明威便是其中之一。

海明威的一生充滿傳奇色彩。他曾參加過兩次世界大戰和西班牙內戰，與英國重量級拳王交過手，在西班牙當過鬥牛士，在非洲對抗過兇狠的豹子，在深海捕過馬林魚……他的這些與死亡搏鬥的經歷不但沒有擊垮他，反而使他像巨人一樣活著。而這其中，他在一次大戰時的一次受傷讓他彷彿觸到了自己的靈魂。

*1918*年，*19*歲的海明威以紅十字救護隊成員的身分奔赴歐洲參加第一次世界大戰。某一天的下半夜，海明威在義大利東北部皮亞維河邊的福薩爾達村為士兵們分發巧克力時不幸被炮彈擊中。他旁邊的一個士兵被打死，而就在他前面的另一個士兵受了重傷。他拖著傷兵到後面去的時候，又被機槍打中了膝部；而當他們到達掩護所的時候，傷兵已經死去。

海明威腿上身上中了*200*多片碎彈片，左膝蓋被機槍打碎，被迫做手術換了一個人工膝蓋。他在米蘭的醫院裡住了*3*個月，動了十幾次手術，大多數彈片都取了出來，但仍然還有少數彈片至死都留在他的身上。但是他沒有死，奇蹟般地活了下來。事後他告訴他的朋友蓋伊．希科說：「我覺得自己的靈魂從軀體內走了出來，就像拿著絲手帕的一角把它從口袋拉出來一樣。絲手帕四處飄蕩，最後終於回到老地方，進了口袋。」

那是多麼驚險的一次靈魂出竅的經歷！海明威在此所描述的靈魂從軀體內走出來的場景與那些有過瀕死體驗的大多數人的經歷類似。「絲手帕」表明當時他所感受到的靈魂是非常輕盈的，這也與瀕死者的描述一致。不過也許是他命硬，那手帕四處遊蕩了一會後，終於還是回到了老地方——靈魂與肉體復合了。

英國小說家毛姆晚年在醫院也曾親身經歷過一次瀕死體驗。他本是不可知論和完全不相信死後生命存在論的人，但是經歷過這次事件之後，他逐漸改變了自己的看法。

據其本人描述，當時「天開始下沉……事件休止。它可能有一個小時或者一個世紀。光開始改變，出乎我的意料，它沒有變黑，反而更亮。它變得耀眼，我能感覺到我的脈搏……心跳緩慢，光線繼續增強……然後，最美妙的解脫感覺……偉大的最後亢奮，拋棄一切實驗」。

諸如此類聲稱自己的靈魂離開身體的事例還有很多，德國詩人歌德、法國批判現實主義作家莫泊桑、俄國19世紀著名作家杜斯妥也夫斯基、美國小說家愛倫．坡、英國作家大衛．赫伯特．勞倫斯等，都說他們自己經歷過靈魂離體的怪事，且均認為「人的靈魂藏於人的肉體之內，而且是肉體完美的複製品，由極輕的東西組成，發光、半透明、十分適合進行體外的活動，靈魂離開身體時，跟作夢差不多」。

英國最著名的病理解剖學家奧克蘭．地格迪斯爵士在應邀參加英國皇家醫學會的演講時，也談到了自己的一次類似經歷：有一天晚上，他突然患了腸炎，病情非常嚴重。第二天早上他痛苦難忍，渾身衰弱，連打電話的氣力都沒有。後來在混沌中，他覺得意識撇下肉身，飄然而起。他向下望去，不但看見自己的身體躺在床上，還看見房舍花園裡的一切。「我自由自在地處在某種特別的時空之間，這裡的日常生活和現在差不多相同」。當時幸虧他的女兒走進臥室，當看到父親的軀體後，立刻給醫生打了電話。「我看見醫生丟下了他的病人，奔跑起來，聽到醫生說：『他差點就完了。』」他什麼都看得到，但是不能說話，後來他被救醒過來。而且他說，他一回來，所有明亮清晰的幻象就都消失了。

這亦是一次非常典型的靈魂出竅的經歷。*20*世紀下半葉，美國和蘇聯都曾開展過大規模的人類靈魂離體現象的研究，但至今我們仍無法得知當時實驗的結論。

時代在前行，而有關靈魂的故事也還在繼續。也許，終有一天，我們能夠在先進科技的幫助下，揭開靈魂的真相。

第十三章　是終點也是起點：輪迴與轉世

赫拉克利特：生命如此往復，循環不已

死亡並非生命的終點，這一理念早已在歷史的多維層面有了全面而詳盡的詮釋。而死亡之後留下的來世的憧憬，賦予現世生活神聖而高遠的意義。然而儘管諸多宗教的教義都收納了類似的觀念，大多數人仍然認為這一生僅止於此，他們不僅在此生迷失信仰，更對來世不抱任何念想，因此，生活缺乏任何意義，一生草草了事。

人死後究竟有沒有來生？1982年的一項蓋洛普民意測驗顯示，大約有兩成五的美國人相信輪迴。這是個相當令人吃驚的統計數字，而這還是在唯物論以及科學幾乎主宰著我們生命的每個層面的前提下得到的資料。儘管如此，對死後生命沒有任何概念的朦朧感導致大多數人實際上並不清楚輪迴

到底是什麼東西。因為我們看不到，摸不著，沒有任何直接的證據讓人相信輪迴就在那裡，等著世間的每個人。在《西藏生死書》中，索甲仁波切曾寫下這樣一段話：

「我憶起許多、許多前世。一世、二世、三世、四世、五世……五十世、一百世……十萬世，出生在各種的時空。我知道這些世的每一件事情：它們發生在什麼地方、我的名字叫什麼、我出生在哪個家庭、我做過哪些事。我經歷過每一世的好運和噩運，以及每一世的死亡，然後再度受生。我以這種方式憶起無窮盡的前世及其特質和環境。這是我在初夜時分所得的知識。」

如若你相信今生之後還有來世，那麼你的整個生命將會全然改觀，而個人的責任和道德也將了然於胸。如果人們絲毫不信這一世之後還有來世，那麼人類社會必然只會以創造短期利益為目標，也不會對自己行為可能造成的後果多擔當一份責任。我們為著自己眼前的利益肆無忌憚地掠奪地球，只有一種毀滅未來的自私，如同致力挽救亞馬遜雨林的巴西前任環境部長所說：「我們到底還需要多少類似的警告呢？」

人類天性中有一種對死後有生命及輪迴的信仰，而這也幾乎在所有的宗教中都占有重要的地位。我們甚至可以發現，在基督教歷史中，早期的基督徒也是相信輪迴再生的。而自19世紀末開始，西方便對東方宗教產生了興趣，許多西方人已經接受印度教和佛教的輪迴知識。其中，美國的汽車大王亨利．福特寫道：「26歲的時候，我接受了輪迴的理論，（西方）宗教完全不提供這方面的看法。工作無法令我滿足，如果我們不能把某一世得到的經驗運用在下一世，那麼工作就是白費。當我發現輪迴時，時間就不再是有限的了，我不再是鐘擺的奴隸，我願意把長遠生命觀所給予的寧靜與別人分享。」

佛法世界中所闡述的輪迴與轉世在他們看來是有據可依的，就好像在哥倫布真正發現美洲新大陸之前，印第安人在其上也從來都是安然地生活著一樣。這也佐證了古希臘哲學家赫拉克利特關於生命輪迴的論調：「土死了變成水，水死了變成氣，氣死了變成火，如此往復，循環不已。」

在英國的諾福克生活著一位名叫亞瑟．福樓多的老人。從*12*歲開始，亞瑟．福樓多腦中便常有神秘卻鮮明的影像——一個被沙漠圍繞的大城市，且隨著年紀的增長，他所看到的城市越來越清晰，細緻入微到每一個街道及街道上的士兵。一次在觀看電視紀錄片的時候亞瑟．福樓多驚訝地發現，約旦古城佩特拉就是多年來一直縈繞在他腦際的城市。這件事引起了約旦政府的注意，於是他被接到約旦，以拍攝他對佩特拉的反應。

在前往佩特拉的途中，亞瑟．福樓多指認出了那塊他曾經對考古專家陳述的神秘的火山形岩石；進城之後他不用地圖就直接走到了哨兵房的位置，並表演了彼時哨兵進入時的特殊報到方式。他也指出了當地其他尚未出土的建築物，並且說明它們的位置和功能。

除了輪迴，還有什麼能夠解釋這一切呢？

不但是老人，發生在小孩身上的輪迴與轉世的故事也同樣讓人不得不慎重地考慮生命的這一神秘性。

一名叫噶瑪姬．庫爾的女孩一天和父親趕市集的途中突然要求父親帶她去另一個村落。她說：「那裡才是我的家。」隨後她一五一十地描述了自己當時與同學一起騎著腳踏車被一輛巴士撞倒以及受傷後被送到當地醫院並不治身亡的故事。

她的父親聽過她如此詳盡的描述之後，嚇了一跳。到了那個村子後，女孩叫車夫停在了她聲稱是前世住過的一幢房子前。她的父親還是對她的話將信將疑，就問鄰居是否有這麼一家人如噶瑪姬所描述的那樣死過女兒。鄰居證實了這個故事，並且告訴他，那名叫理斯瑪的女孩，車禍喪生時才*16*歲——她死在從醫院回家的車上。而當理斯瑪的祖父和伯叔父聞訊趕來時，噶瑪姬認出了他們。後來她還指認出自己的房間，以及她的學校書籍、兩只銀質手鐲和咖啡色新洋裝，而這些的確確都是理斯瑪的東西。

也許很多人都會懷疑這個故事的真實性，但事實上，她根本沒有撒謊的必要，因為她的家人對於這件事感到非常不自在，擔心「鄰居會怎麼想」。

如果確實有輪迴，那麼為什麼我們大多數人都不記得？關於此，柏拉圖在《伊爾的神話》一書中作了說明。

伊爾是一位經歷了死而復生的士兵，當他「死去」時，亦被訓令復甦過來，以便把死後的情況告訴別人。就在他復甦之前，他看到那些正準備出生的生命，在恐怖和煙霧瀰漫的熱氣中通過「遺忘的平原」。當夜幕低垂時他們就紮營在失念河邊，並都被要求喝這河裡的水，喝完就忘掉了一切。伊爾本人被禁止喝水，所以還記得他所聽所見的一切。

誠然，這可能只是柏拉圖杜撰的一個神話故事，但由此我們可以想像到，會不會有一種或一類共通的法則，使得我們幾乎無法記得前世曾經住過的地方或做過的事呢？或者，因為我們經歷了太多的人和事，因此洗掉了前世的所有記憶？如果我們人人都記得前世，那會不會反而成為我們無盡的困擾？

席慕蓉：今生相逢，前緣未盡

「人若能轉世，世間若真有輪迴，那麼，我親愛的，我們前生曾經是什麼？

「你若曾是江南採蓮的女子，我必是你皓腕下錯過的那一朵。

「你若曾是那個蹺課的頑童，我必是從你袋中掉落的那顆嶄新的彈珠，在路旁草叢裡，目送你毫不知情地遠去。

「你若曾是面壁的高僧，我必是殿前的那一炷香，焚燒著，陪伴過你一段靜穆的時光。

「因此，今生相逢，總覺得有些前緣未盡，卻又很恍惚，無法仔細地分辨，無法一一地向你說出。」

席慕蓉筆下的愛情溫婉而柔情，一句「今生相逢，前緣未盡」道盡多少愛情的浪漫與宿命的美。佛說，前世千年的回眸，才換得今生的擦肩而過。那麼，我們今世能夠相逢，是否已然擦肩而過千年？

從前，有一座圓音寺，其橫樑上有隻蜘蛛結了張網。經過一千多年的修煉，蜘蛛便有了佛性。

忽然有一天，佛祖光臨寺廟的時候看見了牠，便問蜘蛛：「你我相見總算是有緣，我且來問你個問題。世間什麼最珍貴？」蜘蛛想了想，回答道：「世間最珍貴的是『得不到』和『已失去』。」佛祖點了點頭，離開了。

又過了一千年，蜘蛛依舊在圓音寺的橫樑上修煉，佛祖見了牠，又問了牠相同的問題，蜘蛛亦作了相同的回答。

又過了一千年，有一天，刮起了大風，風將一滴甘露吹到了蜘蛛網上。蜘蛛望著甘露，見它晶瑩透亮，很漂亮，頓生喜愛之意。突然，又一陣大風將甘露吹走了，蜘蛛頓時覺得失去了什麼。這時佛祖又來了，又問了蜘蛛同樣的問題。蜘蛛想到甘露，依然作了相同的回答。佛祖說：「既然你有這樣的認識，那我讓你到人間走一遭吧。」

就這樣，蜘蛛成了一位名叫蛛兒的官宦小姐。*16*歲時，她在一次上香拜佛的時候遇見了新科狀元郎甘鹿。蛛兒對甘鹿說：「你難道不記得*16*年前，圓音寺的蜘蛛網上的事情了嗎？」甘鹿很詫異，困惑著搖頭離去了。

幾天後，皇帝下詔，命新科狀元甘鹿和長風公主完婚，蛛兒和太子芝草完婚。這一消息對蛛兒如同晴空霹靂，於是她茶飯不思，生命已危在旦夕。太子芝草知道了，便對蛛兒說：「我對姑娘一見鍾情，我苦求父皇，他才答應。如果你死了，那麼我也就不活了。」說著就拿起寶劍準備自刎。

就在這時，佛祖來了，他對快要出殼的蛛兒靈魂說：「蜘蛛，你好好想想。甘露（甘鹿）是風

（長風公主）帶來的，他對你不過是生命中的一段插曲。而太子芝草是當年圓音寺門前的一棵小草，愛慕了你三千年，你可曾低下頭看過它？經歷過這樣的一段塵世情緣，你現在可知世間什麼最珍貴？」

蜘蛛聽了真相之後，一下子大徹大悟……

我們在茫茫人海尋找的那個人，也許就是你前世熟視無睹的身邊客，是習以為常的灑滿窗欄的皎潔月光，是風中迎你而來的花香，是枕邊的清淚、階前的細雨，是我們已忘卻的前世姻緣。

黃庭堅是江西詩派的鼻祖，同時也是一位書法大家。他在某一年出任黃州知府時，接連三日午間均夢見自己在一個鄉村裡看到一位滿頭白髮的老婦倚門而立，好像在等誰。老婦人的門口有一張香案，上面供著一碗芹菜麵。黃庭堅覺得餓，就端起來把麵吃了，夢醒之後，發覺嘴裡竟然真的有芹菜的香味。

黃庭堅感到非常奇怪，於是循著夢中的路徑走，結果真的找到了那個鄉村。夢中見到的白髮老婦也正站在門前，旁邊是一碗香噴噴的芹菜麵。黃庭堅非常不解，便上前問老婦人緣由，老婦慟道，今天是她女兒的忌辰，女兒生前最愛吃她做的芹菜麵，所以每年這個時候，都會擺上麵來祭奠。黃庭堅想，事情也真巧，今天正是他的生日，遂又問：「那你女兒死去多久了？」老婦說：「26年了。」黃庭堅心中一驚，因為他那年正好也是26歲。後來黃庭堅進了屋，發現裡面有個大櫃子已經很多年沒打開過了，因為老婦人不知道當年她的女兒把鑰匙放在哪兒。黃庭堅想了一下，便輕而易舉地找到了鑰匙。打開櫃子一看，發現裡面全是女孩子生前讀的書，還有寫的文章。而這些文章居然和他自己歷次考試的文章一字不差。黃庭堅這時終於明白自己回到了前世的家，而那老婦自然就是他前世的母親，於是趕緊將她接回府衙，奉養終身。

黃庭堅曾在自己的府衙後園建了一間名為「滴翠軒」的亭子，其中放置了他自己的石碑刻像，他自嘲「似僧有髮，似俗脫塵。作夢中夢，悟身外身」。「作夢中夢，悟身外身」，這好似對上述離奇夢境和現實的歸納，對自己前世的感悟，而今生能夠託老婦的恩與自己的前生相逢，實在是前緣未盡也。

聖嚴法師：生死如同坐巴士轉車

如若面見輪迴的真知，便無懼生死的更迭。在生命的旅程中，我們上上下下，走走停停；而當到達終點，我們不過是歇個腳，在生命的某一處做個短暫的停留；然後，在車來人往的日子裡，換一身行頭，在另一齣戲中，重新登臺。

聖嚴法師曾說：「人生好像坐巴士，死亡不過是從一輛車轉到另一輛車去，如此輪迴轉世。」輪迴讓生命有了不息的靈魂，沒有人可以奪走，因為它始終在時間的長軸中遊走，演繹悲歡離合的人生大戲。

在佛教看來，死亡是另一次生命的開始，而世間一切的現象都離不開輪迴循環的道理。宇宙物理的運轉是輪迴，善惡六道的受生是輪迴，人生歷程的生死也是輪迴。輪迴在一切的生命過程中都是普適的內在的不變旋律，我們的生命因輪迴而亙古今而常存，歷萬劫而彌新。有了輪迴，人生便有了延續，而不是那匆匆百年歲月的短暫。這好比永遠不會有終點的接力賽，我們薪火相傳的生命之火便是那接力棒，而那些置身賽場的人，便由著自己的性情演繹著接力過程中姿色各異的人生。

這裡有一個關於王陽明的輪迴的故事。

一次，王陽明到金山寺去拜佛，進入寺中後覺得裡面的景物非常熟悉，一草一木似曾相識，就好像他曾經在這裡待過一樣。不知不覺，他便走到了一間關房前，只見房門口貼了一張封條，沒法進去。但是王陽明左右觀看，總感覺自己曾經在其中住過。王陽明按捺不住心中的好奇，便請知客師父打開關房瞧個究竟，知客師父連忙道歉說：「對不起！這間關房是我們一位老祖師50年前圓寂的地方，裡面供奉著他的全身舍利，他老人家遺囑交代不可以開啟，請您原諒，千萬開不得。」

「既然房子設有門窗，哪裡有永遠不能打開的道理？今天無論如何請您發下慈悲，打開看看！」

後來由於王陽明一再請求，知客師父只好萬分為難地打開了房門，讓王陽明進去了。就著夕陽的餘暉，王陽明看見一位圓寂的老和尚亙古如昔地端坐在蒲團上，容貌卻和自己的非常相像！舉頭看去，牆上還有一首詩，寫道：

五十年後王陽明，開門猶是閉門人；
精靈閉後還歸復，始信禪門不壞身。

這時候王陽明終於明白了，原來自己的前生就是這位坐化的老和尚，昔日自閉門扉，今日還來自啟，為後世子孫留下一點證明。

五趣六道（五趣又名五道，意指地獄、畜生、餓鬼、人、天五類眾生，六道則多加阿修羅）的輪迴讓世界處於生生不息的自然運轉中。當某一天我們有幸看到前世的自己遺留下來的痕跡，是否也會在激動難耐的同時感謝上蒼的好生之德，讓歲月有了可以觸摸的記憶？

在星雲大師的一次講座中，曾提及這樣一個故事。

*1942*年，陝西邠縣百姓田三牛因遇到大風雨，被活埋在倒塌的洞窟裡面。後來田三牛自我感覺已經爬出了土堆，並問身邊的妻兒剛才究竟發生了什麼事。但親人們只是不停地在哭，好像都沒有聽到他的問話。他一氣之下，懶得再理睬他們，就漫步到了鳴玉池，從一扇窄門中擠身便進去了，隨後耳邊就聽到嘈雜的人聲說：「恭喜，恭喜！是個白胖的壯丁喲！」

田三牛這才明白，在不經意間，他已經投生了。當時他呱呱墜地後，看到接生婆四處找剪刀，便開口說：「剪刀不是掛在牆壁上嗎？」

此言一出，把眾人都驚嚇得目瞪口呆。有人認為他是妖孽，主張把他溺死丟棄。但是他母親萬分憐惜他，總算保住了他的小命。從此以後他7年沒有開口說話，但是前生往事卻一一了然於心。

田三牛轉世的事情不脛而走，自然也傳到了田家人的耳中。一次田家與鄰居發生土地糾紛，但是怎麼也找不到自家的田契放在哪裡。萬般無奈之下他們就去請轉世的張生有（田三牛轉世後的名字）到田家尋找。還是孩童的張生有對這一切自然再熟悉不過，很快就找到了田契，解決了問題。

生死輪迴乃天定。人生就如同車輪的轉動，永遠向前，生生不息。輪迴給予眾生無限的希望，讓這生有了生的意義，也讓這死有了永恆的價值。

菩提流志：因緣會遇時，果報還自受

佛教中的輪迴轉世觀念延伸出了一種普遍性的因緣法則，即認為一切事物都會改變，都有其因緣。因此佛教不相信存在神聖的造物主，也不相信生命可以自我創造。佛教教義認為，一切事物的生起都是因緣和合的結果，也就是說，佛教中凡事都講究因緣，講究因果關係，即種什麼樣的因，就得什麼樣的果。因果在世事與生命的輪迴中總會找到一個時間上的對等關係，「因緣會遇時，果報還自受。」

佛教中的因和緣有兩種主要的類型，即主因和助緣。主因指的是產生某種事物的材料，助緣指的是促成因緣作用的因素。舉個例子來說，心和身雖然可以彼此影響，卻無法變成對方的內涵；心和物雖然彼此依賴，卻無法被當作對方的主因。這是佛教接受輪迴的理論基礎。

索甲仁波切在他所著的《西藏生死書》中講述了下面這個故事。

米鄰陀王問那先比丘：「當某人重新出生時，他跟剛才去世的人相同，還是不同？」

那先比丘回答：「既非相同，也非不同。請告訴我，如果有一個人點燈，它能提供整個晚上的光嗎？」

「能。」

「初夜分的火焰與中夜分，或後夜分的火焰相同嗎？」

「不。」

「那是說初夜分是一盞燈，中夜分是另一盞燈，後夜分又是另一盞燈？」

「不，那是同一盞燈的光照亮整個晚上。」

「輪迴非常相似：一個現象生起，同時另一個現象停止。所以，在新存在之意識裡的動作，既不與前一個存在之意識裡的動作相同，也沒有不相同。」

米鄰陀王又請那先比丘舉另一個例子，說明這種依存關係的正確性質。那先比丘就把它比作牛奶：凝乳或牛油都可以用牛奶製成，卻都和牛奶不同，只是要完全依賴牛奶才能製成。

米鄰陀王於是問：「如果沒有『生命』從一個身體傳到另一個身體，那麼我們不就可以不受過去世惡業的果報了？」

那先比丘則舉了這個例子：「有一個人偷了別人的芒果，他所偷的芒果，與另一個人原先擁有和種植的芒果並不完全相同，這麼說來他還應該接受處罰嗎？」

那先比丘解釋，這個偷兒必須受罰的理由是：被偷的芒果，因為它們的主人先播了種才生長出來。同理，因為我們在某一世做了善惡業，才使得我們和另一世有所連接，所以我們逃不了善惡業的果報。

這便是佛法中所講的因緣關係。所謂無因不緣，無緣不因。俗語有云，「種瓜得瓜，種豆得豆」，講的也是這個道理。我們在任何世種下的善，或者造下的惡，都會在今世，或者來世，或者再下一個來世收到同等的善或惡的果實。所以佛教中講，「假使百千劫，所作業不亡。」亦如《佛經》中鄭重指出的：「善惡之報，如影隨形，三世因果，循環不失。此生空過，後悔無追。」

紀曉嵐從小到老都深信因果報應，但凡見到和看到的因果事蹟都記錄了下來，並且盡可能做到敘述詳盡，言辭通達，《因果故事》便是這些事蹟的合集。下面便是他自己親歷之事。

1733年的一天，年僅10歲的紀曉嵐陪祖母張太夫人在滄州以南莊園的水明樓裡消夏避暑。坐在閣樓上的紀曉嵐推窗南望，看見有男女數十人絡繹登上了一條渡船。當船解開纜繩就要起程的時候，卻突然見船上有一人奮力將一位老頭推倒在岸邊的淺水中。等全身衣鞋都濕透了的老頭回過神來的時候，船早就開得遠了。

當時，天下了場大雨剛剛放晴，河裡的水漲了很多。就在這個時候，有一艘運糧的船張滿雙帆順流而下，恰似離弦之箭，直向渡船撞去。那渡船當下被撞個粉碎，船上數十人全部落水，無一人倖免於難。老頭看到這樣的場景，再想想自己幸虧被打了下來，隨即轉怒為喜，不住地合掌念佛。

這時候自然有人問老頭要去哪裡，老頭說：「我昨天聽說一位族弟想用20兩銀子把童養媳賣給人家做妾，據說今天就要立下字據，所以我趕緊把幾畝薄田押給了別人，弄到20兩銀子，好把那女子贖回來，真沒想到……」

眾人聽了，無不交口稱讚，都說：「這一推一定是老天爺讓那小子推的。」於是眾人急忙張羅其他渡船，將老頭送過河去。

《因果故事》中所說的因果，可能只關乎一個承諾、一份孝心、一種善良，所有這些都是種下今後結果的因。大千世界，眾生芸芸。我們每日的一言一行、一舉一動，甚至我們每個人的生命相較於這廣袤無垠的世界而言，都不過是滄海一粟。但是，這世間所有的惡，難道不是從小處發展而來？這世間所有的善，又豈非點滴累積而成？所以古語有云：「勿以善小而不為，勿以惡小而為之。」因緣際會，冥冥之中我們的言行影響著別人，同時也為我們自己的善惡美醜埋下種子。

蓮花生大師：死後的世界，輪迴的秘密

佛教中講究的輪迴與轉世以及因果機緣究竟在人死後扮演著怎樣的角色？人死後的世界是什麼樣的？什麼樣的人會升入天堂，什麼樣的人會墜入地獄？人死後是否都需要經過「六道輪迴」再「轉世投胎」？「輪迴」無論是在科學探索還是在宗教解說中似乎都是一個難以繞開的命題，它是對人死之後何去何從的思考，也是對今世今生價值意義的判定。

而關於此，聖嚴法師曾在一本書說：「現代人相信科學，凡事都講證據才肯相信，由於獲取過多的現代資訊，反而疏忽了古聖先賢對我們的諄諄教誨。因果輪迴的道理，儒釋道三教聖賢早在數千年前就已經講清楚說明白了。可惜直到近代，西方科學家、醫學界才發現東方聖人經典所載因果輪迴的事理，就是宇宙人生的真相，因而紛紛投入研究，盼能透徹瞭解。」

在佛教中，妖魔死後和人死後都一樣，也要走六條道，即天、人、阿修羅、畜生、惡鬼、地獄。而所謂的六道輪迴是指金橋、銀橋、玉橋、石橋、木橋、竹橋。輪迴者，即在六道中周而復始，無有不遍，來回往復，猶如車輪的迴旋。

我國民間流傳的《玉曆寶鈔》即記載，人在投胎轉世前，一旦喝了「孟婆湯」，就會忘掉過去的

種種。柏拉圖也認為靈魂在投胎前要經過酷熱的沙漠，因口渴難忍，須飲用「失念河」的清涼河水，才去轉世降生。但是如中國的傳說一樣，一旦喝了「失念河」的水，就會將過去生活的點點滴滴忘得一乾二淨。類似的，羅馬人則相信人在投胎時所經過的河叫「奈思河」，而一旦喝了「奈思河」的水，投胎者對於前世的記憶便再也想不起來了。

這種死後的世界，在東西方的普適描述中相差無幾。也就是說，死後須投胎，而投胎即是生命輪迴的開始。但是，投胎意味著必須摒棄前世的所有記憶，好讓來生有個全新的開始。

輪迴意味著必須在六道中來往反覆，但是如何確定自己再轉世為人？關於這一點，得道者常有一目了然的智慧點撥。例如，佛陀說：「現在的你，是過去的你所造；未來的你，是現在的你所造。」蓮花大師亦說：「如果你想知道你的過去世，看一看你現在的情況；如果你想知道你的未來世，看看你目前的行為。」甚至從更根本的層面上來講，下一世你會有什麼樣的出身，完全取決於你這一世的行為，而這種行為的結果完全是由行為背後的動機而定，絕非取決於行為的輕重。

歸根結底，佛教宣導的還是「善有善報，惡有惡報」的因果輪迴觀，這是一種教人行善的積極處世態度。

傳聞蘇東坡的前生為五祖戒和尚，蘇東坡自己一開始並不知道，只是聽說他的母親剛懷孕時，曾夢見過一位身軀瘠瘦、眼睛眇細的出家人。好多年後，蘇東坡的弟弟在高安為官時，經常和真淨、文聖、壽聰等三位法師一起參禪。據說有一天這三位出家人同時夢見自己正在迎接五祖戒禪師。而當這三個人第二天聚在一起談到這個事情的時候，蘇東坡剛巧來寺拜訪。這三個人隨即把夢境告訴了他，蘇東坡聽後便也將自己七、八歲時候夢見自己身為行化於陝右一帶的僧侶的事情告訴了他們。真淨法師聽了，趕忙接口說：「戒禪師也是陝右人，晚年來遊高安，50年前圓寂於大愚。」隨後他們發現蘇東坡當年剛好49歲，終於了悟五祖戒禪師原來就是蘇東坡的前身。

蘇東坡的事例也許可以說明人是有前世今生的，而蘇東坡今生之所以與佛家如此有緣，很可能是因為他前世是佛法大師的緣故。所以說投胎轉世為何物完全看前世的造化，經歷了六道的輪迴，領悟輪迴奧秘者，往往有不一樣的修行和領悟力。

江西玉山縣水南寺住持月印養有一條狗，這條狗頗有靈性，每當月印誦經時，必定搖著尾巴前來聽經，眾人看到都感到非常驚訝。

後來，這條老狗染上癩病，皮毛脫落且身有臭氣，但依然每日前來聽經，有一天，月印突然告訴他的徒弟：「你們把這條狗拉出去殺了！」徒弟聽了，也不知道好端端的為什麼師父要開殺戒，因此只好將狗叫出，但又不忍心殺牠，便暫將其拘禁，不讓牠再去聽經。

但過了三天，這隻老狗自己偷跑出來聽經被月印發現。月印看到後大驚失色，對他的徒弟說：「你們沒有殺掉這條狗，可能壞事了！」於是趕緊命令他的徒弟，趕到某村某姓人家去探問，果然發現有一孕婦，生了三天還生不出來，生命垂危，連醫生也束手無策。

月印得知後，告訴徒弟：「你們不忍心殺狗，難道忍心殺這個婦人嗎？這條狗不死，婦人肚中胎兒就無法出生！」於是徒弟殺掉了那條狗，而那位婦人很快便生下了一個男孩。

生命的輪迴與轉世在高僧的眼中，是一種化施塵緣的善舉。輪迴的秘密，在死後的世界裡盡顯無遺。當生命的輪迴沉溺在因緣際遇的巢窩不停地轉動六道的風輪時，我們便隨著這風輪看盡世間繁華冷暖，遍嘗人間辛酸百態。生命的起點和終點在輪迴與轉世的吶喊聲中，終究走過了一場相視而笑的擁抱。

第十四章　葬禮——最後的告別

林恩・德斯佩爾德：葬禮，最「引人注目」的儀式

如果說，人生是一場精彩絕倫的舞臺劇，那麼葬禮便是最後的謝幕。日常生活中，葬禮可能是最不受人們歡迎的儀式，那它為什麼要存在呢，甚至形成了一種獨特的文化形式？不得不說，葬禮的由來與變化都極具歷史和社會意義。無論是古代的中國，還是古馬雅人、古埃及人等，都有許多關於喪葬的記載。《易・繫辭》：「古之葬者，厚衣之以薪，葬之中野。」而根據美國社會學教授范德林・派因的觀點，從歷史上說，葬禮發揮著四種主要的社會功能：

1・承認並紀念一個人的去世。

2．為處置死者的遺體提供一個背景。

3．幫助喪親者重新適應其生活。

4．它證實在喪親者與其社群之間存在相互的經濟和社會義務。

有人說，因為人們需要一個場合或形式宣洩悲傷，它允許倖存者在應對其喪失的事實和表達其悲戚時彼此支持。心理學家的研究發現，如果沒有告別儀式，生者更容易一蹶不振或頹廢沮喪。因此，不管中外，即使亡者是客死他鄉，親友也盡量把死者運回故里安葬。

雖然各地方的喪葬風俗並不一樣，但守靈、祭拜等是中西方共有的告別儀式。通常認為，靈魂不死，人死後還能干預活人的生活。受這種靈魂不滅觀念的制約，又由於各國各民族文化傳統、宗教信仰的差異則產生了形形色色的葬禮風俗：有的葬禮盛大隆重；有的簡易樸素；有的充滿了宗教色彩；有的科學而又衛生。在葬式上，有土葬、火葬、水葬、天葬、洞葬、樹葬、懸棺葬、壁櫥葬、食葬等多種形式。

美國社會心理學家林恩．德斯佩爾德在《最後的舞蹈》一書中曾寫道：「葬禮是最『引人注目』的儀式。」人們正是透過這種儀式，使死者重要的親朋好友聚集在一起，與死者進行告別。這種告別重在精神與靈魂的交流，人們堅信這些感激、懺悔、遺憾、懷念等沉重卻無法宣洩的情感會以一種大家不可知的方式傳達給死者。

然而，從古至今，人們舉行葬禮的初衷或許是相同的，但對於這場舞臺劇的謝幕形式，各人有著不盡相同的理解。

《華爾街日報》上曾有一篇文章記錄了一個特別的葬禮出席要求：為了讓人記住逝者生前的音容笑貌，喚起對逝者美好的記憶，來參加葬禮的朋友，必須講述逝者生前的趣事，且能夠引起參加葬禮的人發出笑聲。斯人已逝，他能快快樂樂地進入天國，這不也是人們的期待和逝者本人的期望嗎？由此可見，美國人的葬禮是哀而不傷，重內容而非形式。以下講述的「冰淇淋葬禮」則把美國人的幽默發揮到了極致：

在一個小鎮上，一個冰淇淋小販去世了。小販生前用他手中的冰淇淋為小鎮上的人們帶來了很多甜蜜，所以很多人都來參加他的葬禮。葬禮上走在最前面的是他那輛「冰淇淋卡車」，後面跟著一支浩浩蕩蕩的送葬隊伍。但是，參加葬禮的人一邊走，一邊卻啃著手裡的冰淇淋，以至於隊伍所到之處，全是甜美的冰淇淋香味，引得路邊居民紛紛開窗觀看。在一路歡笑中，葬禮完成了。

義大利律師科爾蒂希奧爾在遺囑中寫道：「舉行葬禮時，給教堂鋪滿鮮花，請來全城樂師，在我的棺木上蓋一塊色彩豔麗的布，抬棺的*12*名女孩必須放聲歌唱。若發現哪個受遺贈時啼哭，當場剝奪他的繼承權，笑得越開心的人，所得遺產越多。」對死亡的樂觀態度在這張遺囑中顯現無遺。

而有些人的葬禮旨在透過象徵和隱喻，表現出其對死亡的理解。如一位年輕音樂家表達了他所期望的葬禮形式：「我的遺體應當被火化，骨灰放進一只埃及骨灰罈。我的朋友們將骨灰罈放在一場音樂會的舞臺上，當樂隊演奏時，每個人將翩翩起舞，慶祝我們每個人最後都必須經歷的變化。」

對此，人們可能說：「那不是葬禮，那是一場晚會。」人們會認為這樣的葬禮有失莊重，但是，這位音樂家的朋友可能回答，他的死亡風格是與他的生活方式一致的，他的葬禮是在慶祝生命的歡樂。他對於火葬的偏好反映了一種信念：存在是曇花一現的。這就好像他在說：「生命是一場短暫的演出。當我的演出結束時，為什麼我的屍體還要保存下去呢？」保存骨灰的埃及罈代表著他是超越死亡的連貫性歷史整體的組成部分。我們將由葬禮的每一部分紀念儀式帶領逐漸走進音樂家的死亡觀。

在電影《非誠勿擾*2*》中，香山（劇中人物）得知自己時日不多後，竟然為自己舉辦了一場人生告別會，在這場「活人的葬禮」中，人生的意義，過往的浮沉，感情的純粹與浮誇一一呈現，還有那句飽含深情的「我的親人啊」——沒有經歷過滄桑人生便無法體會這句臺詞的深刻含義。

此外，還有一些個性化葬禮注重的是生者與死者的溝通。有一位葬禮策劃師曾策劃過一位老人的葬禮，他說：「他是一位*70*多歲的老人，從小就參軍，他最後的願望就是要交最後一次的黨費。經過再三跟家屬洽談，最後在告別會上，分了四個環節，第一個就是把黨支部書記請過來，由去世者的家屬藉由一個儀式將最後一千元黨費交予了黨支部。」

據說，這種葬禮形式不那麼沉重和悲傷，得到大家的讚賞。此外，還圓了死者的心願，對生者來說，則有助於從失去親人的悲痛中釋放出來，並獲得了一個與親人溝通的機會。

當生命的演出結束，我們將以怎樣的儀式謝幕？

無論是何種形式的葬禮，都是為了寄託活人的哀思，使人因死而趨向於生的永恆。而這種對永恆的祈求，並非為了掩飾對死亡的恐懼和逃避，而正是由於我們漸漸明瞭生的淡然和死的可貴，從而愈發地能以一種幽默的態度面對人生的不可逆性。

莎士比亞：生命本身就是一場華麗的葬禮

在親人或者朋友的葬禮上，我們念及過往的回憶，想到今後的種種，可能號啕，甚至哭到虛脫，即使不愛哭的人也會淚往上湧，我們似乎只能透過這個特殊的場合和短暫的時間，把積聚一生的傷痛和懺悔在死者面前傾瀉而出。對生者而言，有很多的愛來不及表達，有很多悔恨一直未說對不起；對死者而言，人生是不能無禮而終的……一場葬禮的上空，彷彿飄著無數難以消散的悲痛。

然而，多數人一直無法覺知，人生本就是一個走向死亡的過程，莎士比亞曾說：「生命本身就是一場華麗的葬禮。」至親好友、親密愛人陪著我們在這場葬禮中哭哭笑笑，演繹人生種種；我們原本有很多時間在葬禮上暢所欲言，只是我們總忙於執著堅強，忘了人生需要在奮勇前進的同時，偶爾停下來自省和進行自我認知。我們有責任也有能力將這場葬禮辦得華麗！

電影《請來參加我的告別式》講述了這樣一個故事：

菲利克斯沒有朋友、沒有鄰居、沒有子女，只有騾子格蕾絲和偶爾來惡作劇的鄰家小孩。他頑固地壓抑著自己的內心、嗅不到一絲生氣的情感以及怪誕到難以理解的行為模式。即使這樣，他仍然不肯懺悔，仍然不肯乞求寬恕。

但是有一天，他決定為自己舉行一場葬禮，自己活著時便能參加的葬禮，不需要鮮花、棺木甚至墓穴。他要把那件懲罰了自己40多年，讓他內疚、懊悔的事情公之於眾；他要為它挖一座前所未有的墳墓，空前絕後地把它埋葬。而他也終於在葬禮那天為自己完成了心靈的釋放。

也許並非每個人都有這樣的機會和勇氣，在活著的時候為自己辦一場葬禮。然而人生中依然有很多機會和時間讓我們去完成對靈魂的救贖，讓我們混沌的內心變得如湖水般澄澈。我們需要這樣一場為自己舉行的葬禮，它給予我們洞見內心的機會，將舊日的傷口和怨恨層層剖解，在離死亡最近的地方，重新審視自己的生命。

形式上的簡單，並不能掩蓋內心中的華麗。此時的葬禮，已然超越了其本身的意義，而成了向生命中的後悔和來不及告別的特殊儀式。這種葬禮，無關乎年齡，無關乎歲月，無關乎生命的長度和寬度。

繪本《天藍色的彼岸》講述了一個感人至深、觸動靈魂的寓言：

小男孩哈里因車禍去了另一個世界，在那裡他加入了等待去天藍色彼岸的隊伍。他還掛念著爸爸、媽媽、姐姐和同學們，卻又不知如何傳達他的心聲，他還想參加自己的葬禮，想像著在葬禮上大家會有多難過。後來他碰到一個叫亞瑟的幽靈，亞瑟帶著哈里偷偷溜回人間，哈里努力地向親人和朋友告別，向他們表示歉意和深深的愛……

然而，哈里最終發現，無論你怎麼重要，當你離開了大家的生活，你造成的憂傷不會持續很久，因為你已經過去，你不存在了，但生活還在。不要把自己想得太重要，或者太主觀，否則，就像哈里一樣，你也許到最後才發現那個自己以為是敵人的人，一直想和自己做朋友。

「我想起了我的校長哈理特先生，他在一次令人厭倦的校會上，讀了一段《聖經》：絕不要在你怨恨的時候讓太陽下山。這句話的意思是說，在你睡覺前，絕不能生氣或敵視任何人，特別是不要敵視你所愛的人，因為你有可能今天晚上一躺下，明天早晨就再也起不來了。」

這則故事以一個孩子的視角，用簡單而有趣的文字將死亡和生命的道理娓娓道來。生命是一場華麗的葬禮，不要在最後走近死亡的時候才發現還有很多人沒有告別、很多愛沒有說出口、很多仇恨沒有化解。每個人最終都會走向必然的結局，唯有這過程是掌握在我們自己手裡的。對死亡保持一種清醒的態度，那麼這場盛大的葬禮，將會以最華麗的形式呈現。

陶淵明：死去何所道，托體同山阿

講究入土為安的中國人，對長眠之所是格外在意的，不僅為自己，更為子孫後代。貴為至尊的皇帝們的陵墓，講究起來簡直讓人瞠目結舌，他們往往不惜耗費巨大的人力、物力和財力，刻意經營。然而陶淵明寫道：「死去何所道，托體同山阿。」幽深的墓門一旦關閉，縱使千年也難再開啟。無論什麼樣的賢士達人，也抵擋不了有生必有死的自然規律。陶淵明認為死亡本來就是平常事，就將軀體託付給大自然，同青山一起永存。這是何等曠達的生死觀，任性隨化，以自然的態度對待生，以淡定的態度對待死、對待葬禮和軀體。

自古以來，世界各民族、各地區、各類社會的喪事活動皆因環境和人為因素，衍生出諸多繁文縟節。尤其我國是一個多民族、多宗教並存的國度，有著非常複雜的喪葬文化。然而，傳統殯葬在現代化建設的今天，隨著人口增長和經濟的發展，凸顯的問題日益明顯。

為此，全國人大代表邸瑛琪提倡「生態葬」。「生態葬」可細分為三類：一是遺體生態葬，也就是傳統土葬的改進，即用可分解的環保棺材裝殮遺體，且棺材深埋地下不留墳頭，不用磚石水泥，也不立碑，而是以樹代碑。「遺體生態葬的試點，可以放在尚允許土葬的農村試行，待成熟後再行推廣。」邱瑛琪說。二是骨灰生態葬，基本流程和遺體生態葬類似，但是用骨灰盒代替了棺材，死後的屍體也被燒成了灰，占用面積更小。三是自然生態葬，即死後骨灰撒入山川、江河湖海，與萬物同眠。

學界泰斗錢鍾書先生於*1998*年去世，他對人生看得很透徹，連骨灰也不要保存，自然也不開追悼會。而愛因斯坦，這位科學巨匠的臨終叮囑是不發訃告、不行公開葬禮、不建墳墓、不立紀念碑。在出殯那天，下著濛濛細雨，只有最親近的*12*個人為他送行，對外卻秘而不宣。

在死亡面前，即使是功成名就的賢達也無可奈何。與其追逐名利，不如還原人生最自然的狀態。「死去何所道，托體同山阿」，從大自然中來，又回到大自然中去，寄身於山川丘陵，與自然為一，物我同化，此乃自然之理，又有什麼值得感嘆的呢？

查爾斯．科爾：給予生者安慰，給予死者尊嚴

葬禮作為人生最後的旅程，將一個人漫長或短暫一生的所得與期許化為縮影，為生者與死者搭起一座傳遞思念的橋樑。我們可以從葬禮中看到，各不相同的價值觀指導著我們紀念死者和滿足倖存者的感情需要。它不單單是對死者的告慰，也是對生者一種心理上的安慰。我們旨在透過一場世俗意義上的完結，達到一種圓滿。它代表的不僅僅是一種儀式，更是社會對人之尊嚴的守護。

美國哲學教授查爾斯．科爾在《死亡課》一書中說：「我們有時候會回想起生活中一些令人痛惜的『失去』，但是有時候，我們是在失去了那些人或者物之後才真正明白他們的價值。」要明白那些「價值」，即是藉由葬禮，透過瞻仰遺容來完成的。

*18*歲的楊遠新不幸在地震中喪身，其父母得知消息後精神幾近崩潰，且一直無法接受兒子已經不在世間的事實，尤其是他的父親一直責怪自己沒有送他到縣城裡讀書，因為如果去了也就不會出這樣的事。

對此，武漢總醫院的心理專家陳文軍說應對楊家夫婦進行心理輔導，幫助疏導這對夫婦的心理狀態。因為「拒絕承認，是人在突然性災害來臨時的一種正常反應，但應該及時疏導，否則這種焦慮

和抑鬱的情緒會對倖存者造成更大傷害」。

疏導的方式，就是按照當地風俗，從廢墟中找來楊遠新生前最喜歡的一頂白色帽子以及家裡最值錢的電腦的鍵盤，為他舉辦一個葬禮。

「我們必須以一個喪禮來告訴楊家夫婦，兒子已經走了，但生活還要繼續。」陳文軍說，「從這個意義上來講，這個儀式是為倖存者而舉行。」

在楊遠新的墳前，楊家夫婦從一開始小聲地哭泣到後來淚如雨下，最後哭倒在兒子的墳前。也許那時候他們已經從心底接受了兒子不再回來的事實。

「我們一定不能小看了這樣的一個儀式，它帶給倖存者的，是告別，是結束，更是新的開始，而絕不是一種形式。」陳文軍說。

死亡，意味著永遠的分離，它帶給生者的心理創傷是強烈而顯著的，如若無法哀悼，生者便無法抵抗悲痛的情緒。當人們獲悉對其很重要的人已經去世時，他們往往走到一起，緊密團結起來，在他們的共同居喪期互相提供支持和安慰。面對逝者，透過葬禮，生者才有暇駐足傾聽來自生命底層的細語，並且建立與死者未完的聯繫。而這種聯繫，將給予生者莫大的安慰和繼續生存下去的勇氣和信心。

用一場匆匆忙忙的葬禮來告別操勞一生的親人，想必這並非大多數家屬的初衷，但有限的時間、有限的殯儀館資源、墓地，迫使逝者在百年之後仍免不了展開「競爭」。即使如此，我們也應該明白，無論是災難之後的遺體處理，還是平常人家的喪葬禮俗，當生命走到盡頭，葬禮恰如最後的回首，當遺體深埋入土之時，沉默的不僅是逝者外在的軀體，還有他漫長或短暫一生的尊嚴。

死者的尊嚴並不是風光厚葬或「速食式」葬禮所能代表的，更不該異化為生者的「面子」。《論語》：「喪，與其易也，寧戚。」意思是喪事，與其儀式隆重，不如真正悲傷。除了解決公共資源不足和喪葬陋習導致的草率葬禮，還逝者應有的尊嚴外，每一個人在面對死亡時，在表達哀思和承受悲痛之餘，都應該懷有對生命的感恩、對生活的感動。此時，生與死的相連，應該是一個圓圈了。這才是給予死者真正的尊嚴，而生者也能在這樣的圓滿中獲得內心的平靜和安慰。

第十五章　妄談永生，不如談談人生

桑塔亞那：死亡的黑暗背景襯托出生命的光彩

無論一段路程有多遠，只要有終點就會有走完的決心。我們可以鼓起自信說「我不在乎過程」、「我不在乎結果」，但是誰敢說「我不在乎過程與結果」？

正是死亡讓我們的一切嘗試變得有意義，當我們學會思考死亡，我們便能以超脫坦然的態度對待人生的一切際遇，當然也包括死亡本身。思考死亡會讓那些無法逾越的苦痛變得藐小，會對生命、親情、愛情、友情等熱愛得更為堅定，才會有品質地獲得生命的完美。西班牙美籍美學家喬治・桑塔亞那說：「生和死是無法挽回的，唯有享受其間的一段時光。死亡的黑暗背景襯托出生命的光彩。」

在一個大熱天，當看到禪院裡的花都被曬乾了後，小和尚心疼不已，急忙提了桶水來準備澆花。這時候老和尚說：「不急，現在太陽大，等晚一點再澆。」小和尚雖然不樂意，但也只能聽老和尚的。但是到了傍晚，小和尚發現那盆花已經成了乾菜的樣子。小和尚咕噥道：「不早澆，一定已經死透了，怎麼澆也活不了了。」

老和尚不理睬他的嘀咕，說：「就現在澆。」水澆下去沒多久，那些看著像乾死了的花居然全立了起來。於是小和尚非常高興地說：「它們可真厲害，憋在那兒，撐著不死。」

「胡說，」老和尚罵，「不是撐著不死，是好好活著。」

「這有什麼不同呢？」小和尚低著頭，怎麼也想不出來這有什麼差別。

「當然不同。」老和尚拍拍小和尚，「我問你，我今年80多了，我是撐著不死，還是好好活著？一天到晚怕死的人，是撐著不死；每天都向前看的人，是好好活著。得一天壽命，就要好好過一天。那些活著的時候天天因為怕死而拜佛燒香，希望死後能成佛的，絕對成不了佛。因為假使他們今生能好好過卻沒好好過，那老天何必給他們死後更好的日子？」

很明顯，「撐著不死」是一種嚴重的負面情緒，有了它我們的生活很難進行得好。德國哲學家海德格曾說：「生因為死的襯托更顯珍貴，以死亡為背景的生更顯頑強。」如何於死亡中映照出生的可貴和光彩，進而珍惜和綻放活著的時光，是我們整個人生中所要做的重要功課。

的確，人生正是因為短暫，因為其不可複製性和不可更改性而珍貴。如果時間永遠夠用，任何事情都會完成，那就不會再有忙碌的追逐，一切都變得慢起來，更陷入永無止境的可怕循環中，從而不再爭分奪秒地創造價值和意義。中國有句老話說「哀莫大於心死」，心死不就是那無邊無際的空洞？法國作家蒙田也曾說：「生命的用途並不在長短，而在於我們怎樣利用它。許多人活的日子並不多，卻活得很長久。」我們對死亡的懼怕和逃避，使得一切不再重要，理想與追求，愛情與婚姻，幸福與痛苦，快樂與悲哀，榮耀與恥辱，等等，我們活在自己為自己營造的虛無世界裡不可自拔。其實我們只要微微一轉身，就能看見身後的黑暗將襯托出多麼光彩的生命。

作家遲子建在《樹下》中描寫了無休止的死亡及其所鋪開的殘酷的現實背景。然而在這樣的黑暗下，作者刻畫出了一個充滿愛和美的靈魂。女子七斗在遭遇死亡的悲痛、被強暴的痛苦、感情的缺失、生活的殘酷之時，仍然能聽到鄂倫春人的馬隊經過時的噠韃馬蹄聲；總能夠看到樹下的月光、江上的白輪船、飛翔的江鳥、廣闊的天空以及周圍的絲絲溫情，依舊對愛充滿著渴望和感知。在我們短暫的人生旅程中，死亡是無法避免的經歷，它遠遠近近、深深淺淺地以它獨有的方式提醒著我們珍惜仍握在手中的生命，以及一切與生命息息相關的東西，比如家庭，比如愛，甚至是難以承受的悲痛。而這些恰恰只有活著才能擁有，才能體會。死亡為我們提供了一種新的視角，告訴我們如何看待生命中短暫卻可貴的東西，如何讓它們綻放應有的光彩。也許，正因為死亡在背後虎視眈眈，我們才更有勇氣、更有動力迎接每一天的朝陽。

布萊克曼：人生最大的問題是如何度過

無涯的時間裡，生命不過白駒過隙，如浩淼星空中的流星，稍縱即逝。然不論流星還是生命，都是宿世中真切的存在。存在沿著無可尋覓的結點亦步亦趨，一路前行，一路留下多少的疑問。生命的短長已然從懸念中退居二線，更重要的，便是人生中最不可逃匿的問題：人生究竟該如何度過？

有一對兄弟，一天他們一起去爬山，最後一起回家。當時他們每個人都背著一大包行李，而他們的家住在80層。更不湊巧的是，他們到達樓下的時候，發現大樓停電了。這時候哥哥主張爬樓梯上去，弟弟欣然同意。當他們爬到20樓的時候，哥哥嫌背包太重，於是對弟弟說：「我們把背包放在20樓，自己先爬上去，明天再下來拿。」

弟弟想了想也答應了。他們把背包放在了20樓，繼續往上爬。到了40樓，弟弟抱怨爬了這麼久才到一半，當初真不該聽哥哥的，還不如等大樓來電再坐電梯上來，於是跟哥哥吵了起來。就這樣他們吵吵爬爬好不容易到了60樓，哥哥就對弟弟說：「只剩20層樓了，我們不要吵了，默默地爬完它吧！」於是他們各走各的，終於到了家門口。哥哥跟弟弟說：「你來開門。」弟弟對哥哥說：「別鬧了，鑰匙不是在你那嗎？」結果他們發現，鑰匙留在了20樓的背包裡。

在死亡面前，時間是無情的，數十年轉了個小小的彎子，卻改變了一個人的一生。就如上面的故事中表達的：很多人在20歲以前背負著很多的壓力，因為要承受長輩的諸多期許和希望；在20歲之後逐漸脫離了父母的規劃，於是在沒有眾人給予的壓力下，懷揣滿腔的熱血，興致勃勃地為自己的夢想而奮鬥；可是在之後工作的20年中，卻發覺工作、生活越來越不像自己當初想像的那樣一帆風順，所以開始了喋喋不休的抱怨——抱怨老闆、抱怨公司、抱怨社會、抱怨出身……並在這抱怨聲中又度過了20年。而到了60歲的時候，發現所有的事情也就那麼回事，於是告訴自己其實也沒什麼好抱怨的，就這樣默默地走完自己的晚年。而到了80歲快要死掉的前夕，才想起自己好像有什麼事還沒完成……原來，是20歲的夢想還未實現。

我們在一生中會遇到許多問題，美國作家伯特・布萊克曼說：「人生最大的問題是如何度過。」歷史可以重新納入軌道，人生卻無法從頭開始。這一生將怎樣度過？也許我們每個人都在考慮這個問題，卻遲遲無法得到解答。

美國心理學家歐文・亞隆認為，許多人的死亡焦慮來自從未充分發揮過自己的潛能，為此他們深深地感到遺憾。許多人之所以感到絕望正是因為他們的夢想沒有成真，更讓人絕望的是，他們甚至從未努力爭取過。因此，亞隆在他的著作中舉了這樣一個治療案例：

茱麗葉因為一系列症狀前來尋求幫助，殊不知，這些都是死亡焦慮的精心偽裝。

……

「可以談談你對於死亡具體害怕什麼嗎?」這是我經常問來訪者的問題,人們的回答各有不同,這些回答常常推動了治療的進展。茱麗葉當時的回答是「所有的事情我都還沒有做」——這也是許多人在反思或面臨死亡時常常考慮的一個重要主題。也就是說,對死亡的恐懼常常與人生虛度的感覺緊密相關。

也就是說,你越不曾真正活過,對死亡的恐懼也就越強烈;你越不能充分體驗生活,也就越害怕死亡。古羅馬哲學家塞涅卡說:「願意的人,命運領著走;不願意的人,命運拖著走。」命運是不可改變的,可改變的只有我們對命運的態度。

可是,人生究竟該如何度過呢?太隨意的人,無法明白生活應該由自己去創造、去裝扮,他們很難擁有一個燦爛的人生;太貪婪的人,永遠不懂得貪婪的結局是更快地失去原本所擁有的;而太懦弱的人,只會一味地臣服在命運的腳下,看著死亡戰戰兢兢。

尼采用兩句簡短有力的警句概括了這層含義,那就是「圓滿人生」和「死得其時」——這就像希臘人左巴(《希臘左巴》一書中的靈魂人物)所主張的那樣——「除了那燒毀的城堡,什麼都別留給死亡」。法國存在主義學家沙特也曾說:「我平靜地走向人生終點……讓我把心臟的最後一次跳動印刻在我最後一頁作品上,死亡只能帶走我的屍體。」

湯瑪士．德瑞爾：若要享受生命，現在正是時候

如果給你一個機會，你願意回到過去重活一次嗎？在影片《回到十七歲》中，30多歲的邁克．奧唐納說他願意。在一次意外中，他奇蹟般地變回17歲時的樣子……他回到了曾經就讀的高中，發現有許多困難需要解決，比如跟自己不知情的兒女做校友。然而在學校裡的一系列遭遇，讓邁克懂得了其實最完美的生活就是當初所選擇的，只不過自己一直沒有學會珍惜。如今的他終於明白最要緊的就是恢復生活原本的模樣，重新贏回妻子和孩子……

事實證明，你人生中最美好的時光就在當下。就如美國作家湯瑪士．德瑞爾所說：「若要享受生命，現在正是時候。」生命的終點始終明確而堅定地等候著我們，我們能夠做的，不是在對死亡的恐懼中發抖，而是在有限的時空內追求無限：無限地擴大對當下的幸福感受。

在英國民間還流傳著一個故事，叫《詹森的鞋子》：

你往馬路上一站，擺出一種特定的姿勢，表示願意和別人換鞋子，別人願意的話，你得出點錢貼補對方。

詹森那天就站在十字路口和別人換鞋，換了以後，覺得穿上仍不舒服，於是繼續再換。

錢，一次一次貼了很多，直到傍晚時分才好不容易換到一雙鞋子，穿在腳上很舒適。

當他回到家一看，原來換到的最舒適的鞋子，竟是早上自己穿出去的那一雙。

故事中詹森花了一天時間只為尋找更舒適的鞋子，沒想到穿著舒適的依然是自己的鞋子。最舒適的鞋子在你腳上，最美好的生活就在當下。

事實上，人的一生又何嘗不是如此？總是為了尋找更舒服的鞋子而四處奔走，總是以為生活在更遠的別處。殊不知，生命的基點或許早已經在我們手中。因此，當你某一天看見鏡子裡的自己老了這麼多，竟然有了鬆弛的皮膚、花白的頭髮時，你仍然要堅信，仍然要清醒，而且，不妨停下來讓那種心酸的感覺呈現出來，在你心裡逗留一會兒，像品味甜蜜的歡愉一樣品嘗心酸的痛苦。這是對死亡保持應有的覺知，你要知道，在人生的每一刻，我們都要學會如何擁抱當下的陰影，因為那所謂的陰影下面，往往隱藏著最不為人所知的美好。就如《死亡日記》裡所寫的：

「我們為什麼要在高速公路上超速，只是為了早10分鐘到上海，但這違背了法律的10分鐘我們用在哪裡了？不就是在超市裡的幾番猶豫中打發了？

「我們為什麼要對母親打來的電話長話短說？不就是覺著有點冗長，但我們省下的時間還不夠對著鏡子擠一顆青春痘的。其實，耳根清靜的日子很快會來的，真的不需要著急趕的。

「我們在街道上撒腿趕路，像紐約、像東京、像香港，一條上班路，走了5年，不知道那一連串的車站牌子是指向哪裡的……

「慢慢地走，欣賞啊，說句大實話，我們的時間都夠用的。誰騙誰啊，這世上除了那麼幾個天降大任的偉人，你我之輩，不見得有足夠的錢，但時間還是夠用的。季辛吉老先生夠忙吧？跟他見面的約會排到了3年後，但越是如此，越是說明他有足夠的時間：自己的時間。」

周國平也曾在《安靜的位置》裡寫道：「一個人如果真正想明白了生之必死的道理，他就不會如此看重和孜孜追逐那些到頭來一場空的虛名浮利了。他會覺得，把有限的生命耗費在這些事情上，犧牲了對生命本身的享受實在是很愚蠢的。人生有許多出於自然的享受，例如愛情、友誼、欣賞大自然、藝術創造，等等，其快樂遠非虛名浮利可比，而享受它們也並不需要太多的物質條件。在明白了這些道理以後，他就會和世俗的競爭拉開距離，藉此為保存他的真性情贏得了適當的空間。而一個人只要依照真性情生活，就自然會努力去享受生命本身的種種快樂。」

熱愛生命，與所有生命建立應有的聯繫；熱愛遺憾，並對當下做最好的規劃和準備。這才是我們對待生和死應有的態度。無論壽命長短，我們要在乎的永遠都是生命的密度而不是長度。因為我們都活在此時此刻，而此前的時光已經消失，連帶著之前的美好或是遺憾、痛苦或是歡樂都永遠地消失了。就如佛陀所說：「我們的存在就像秋天的雲那麼短暫，看著眾生的生死就像看著舞步，生命時光就像空中閃電，就像急流沖下山脊，匆匆滑逝。」所以，在對死亡保持清醒的同時，去享受當下的美好吧，我們都不喜歡永生中的無聊，而喜歡短暫中的精彩！

于丹：發現生命中最本初的願望

死亡是上天賜予我們的一份特別的禮物，然而我們除了將心力聚焦在恐懼和黑暗身上外，似乎完全遺忘了這份禮物的初衷。讀懂這份禮物的初衷，是我們一生中最大的挑戰。

《莊子．馬蹄》：「馬，蹄可以踐霜雪，毛可以禦風寒。齕草飲水，翹足而陸，此馬之真性也。」意思是說，馬的蹄子可以踏霜雪而飛奔，馬的皮毛可以抵禦風寒。牠吃草喝水，自由馳騁，蹦蹦跳跳，歡歡暢暢，這就是馬的本性。莊子希望所有的生命都應該像田間蓬勃的植物和林間歡樂的動物一樣，在這個世界上以一種樸素歸真的狀態出現。于丹由此進一步說：「一個人真正的聰明，都不是作用於外在世界，而是靜下心來，發現自己生命中最本初的願望。」

在20世紀初期，女性一半都不外出工作，在出嫁之前很多女孩子都只能依靠父兄、看人臉色過日子。有個普通人家的女孩原本也過著這樣的日子，但是在她還年輕的時候，她的未婚夫突然病死了。原本來說這個噩耗即使不能把她擊倒，也必然會讓她過得很不好。但是，她一直過得很不錯，愉快地活到85歲，安然去世。

眾人並不知道其中有什麼秘訣，直到有一天，她的姪女在她遺留下來的記事簿中發現了她給自己定下的生活守則，人們才翻然大悟。原來，她在世的時候規定自己每天必做五件事，這五件必做的事是：

第一，做對別人有益的事。

第二，做對自己有益的事。

第三，做不想做而應該做的事。

第四，鍛鍊體力。

第五，鍛鍊心智。

她在日記簿上寫道：「我自己採取主動，逃出『自我的牢寵』。在生根的地方，成長茁壯。」她認真地履行著自己的承諾，並在日記裡記下了如何實行這五件事。她天天都照料別人，也為自己刺繡縫紉，更把全家整理得妥妥當當，再步行去鄰村，並且每天讀有益的書籍。原來，她是以這種心念的力量與黑暗作戰。

她本來很可能憂鬱而終，但她恰恰發現了生命中最本初的願望，應付生活，應付得極好，所以才能不被黑暗所吞噬。

我們總是在逃避自己，逃避自己是什麼，逃避自己的去處，逃避宇宙，逃避日常生活，逃避死亡與開始。我們從未意識到，無論我們多麼努力地逃避自己，有意或無意，衝突、痛苦、恐懼等依然存在，它們最終會占據優勢。你也許會嘗試壓制它們，你也許會藉由意志行為故意躲避它們，但它們一定會再次出現。

古今先哲都極重視心靈的涵養與淨化，如孟子言：「我善養吾浩然之氣。」他解釋：「其為氣也，至大至剛。」猶儒家的「誠意至心」，佛教的「明心見性」，如此誠明的深度，至人之所能也。對於我們來說，絕不應該起一絲不良之意，或悲觀之念，而應全力集中在好念頭上，找到生根的地方，茁壯成長。

很顯然，人生並不簡單，即使我們可以簡單地生活，可以節衣縮食，每天一頓飯，但這並非簡單的生活。因為我們常常透過自私自利、透過我們對死亡的恐懼以及對成功的執著，限制了簡單的生活。我們把生命中最本真的東西變得如此狹隘，如此苛刻，如此微不足道。

而英國前首相邱吉爾，在回答記者提問時，也曾幽默地說：「如果我碰到煩惱，就會想起一個老人臨終時所說的話，他說他大半輩子都活在煩惱之中，可是大部分煩惱的事都從未發生過。」同樣的，我們每個人似乎時時刻刻都活在恐懼和不安中，其實這些心頭的恐慌很可能只是我們臆想的魔鬼。

可憐的我們在尋覓的路途中不停地流浪，咀嚼，唾棄，張望，徘徊，都不過是在無望裡給自己增添籌碼。我們全副武裝，為心打造一個堅實的壁壘，以為這樣才夠堅強，才足以在躑躅獨行的路上，不讓風沙遮蔽了雙眼。

《邊城》裡的翠翠，在懵懂的歲月裡，走過朝花夕拾的年代，也許永遠遠走，也許還會回來。然而我們是必須回來的，即使每天行走在喧囂的街市，穿梭在林立的高樓間，即使那份明淨如水的願望已然被淹沒在車水馬龍之中了，我們還是要回來。我們必須深入地瞭解自己，爆發生命最初的能量。只有懂得了生命，我們才能真正腳踏實地地生活；只有懂得了生命，我們才能帶來真正的轉變——不僅僅是變化，而是徹底的變化，完全的轉向——徹底地轉化我們過去和現在的生活，結束我們不知所向的狀態，回歸生命的本真。

身心靈成長

01	心靈導師帶來的36堂靈性覺醒課	姜波	定價：300元
02	內向革命 心靈導師A.H.阿瑪斯的心靈語錄	姜波	定價：280元
03	生死講座——與智者一起聊生死	姜波	定價：280元

典藏中國：

01	三國志--限量精裝版	秦漢唐	定價：199元
02	三十六計--限量精裝版	秦漢唐	定價：199元
03	資治通鑑的故事--限量精裝版	秦漢唐	定價：249元
04-1	史記的故事	秦漢唐	定價：250元
05	大話孫子兵法--中國第一智慧書	黃樸民	定價：249元
06	速讀二十四史--上下	汪高鑫李傳印	定價：720元
08	速讀資治通鑑	汪高鑫李傳印	定價：380元
09	速讀中國古代文學名著	汪龍麟主編	定價：450元
10	速讀世界文學名著	楊坤　主編	定價：380元
11	易經的人生64個感悟	魯衛賓	定價：280元
12	心經心得	曾琦雲	定價：280元
13	淺讀《金剛經》	夏春芬	定價：210元
14	讀《三國演義》悟人生大智慧	王　峰	定價：240元
15	生命的箴言《菜根譚》	秦漢唐	定價：168元
16	讀孔孟老莊悟人生智慧	張永生	定價：220元
17	厚黑學全集【壹】絕處逢生	李宗吾	定價：300元
18	厚黑學全集【貳】舌燦蓮花	李宗吾	定價：300元
19	論語的人生64個感悟	馮麗莎	定價：280元
20	老子的人生64個感悟	馮麗莎	定價：280元
21	讀墨學法家悟人生智慧	張永生	定價：220元
22	左傳的故事	秦漢唐	定價：240元
23	歷代經典絕句三百首	張曉清 張笑吟	定價：260元
24	商用生活版《現代36計》	耿文國	定價：240元
25	禪話•禪音•禪心禪宗經典智慧故事全集	李偉楠	定價：280元
26	老子看破沒有說破的智慧	麥迪	定價：320元
27	莊子看破沒有說破的智慧	吳金衛	定價：320元
28	菜根譚看破沒有說破的智慧	吳金衛	定價：320元
29	孫子看破沒有說破的智慧	吳金衛	定價：320元
30	小沙彌說解 《心經》	禾慧居士	定價：250元

31	每天讀點《道德經》	王福振	定價：320元
32	推背圖和燒餅歌裡的歷史	邢群麟	定價：360元
33	易經：現代生活的智慧	孫三寶	定價：280元
34	《傳習錄》白話本	姜波	定價：330元

人物中國：

01	解密商豪胡雪巖《五字商訓》	侯書森	定價：220元
02	睜眼看曹操-雙面曹操的陰陽謀略	長　浩	定價：220元
03	第一大貪官-和珅傳奇（精裝）	王輝盛珂	定價：249元
04	撼動歷史的女中豪傑	秦漢唐	定價：220元
05	睜眼看慈禧	李　傲	定價：240元
06	睜眼看雍正	李　傲	定價：240元
07	睜眼看秦皇	李　傲	定價：240元
08	風流倜儻-蘇東坡	門冀華	定價：200元
09	機智詼諧大學士-紀曉嵐	郭力行	定價：200元
10	貞觀之治-唐太宗之王者之道	黃錦波	定價：220元
11	傾聽大師李叔同	梁　靜	定價：240元
12	品中國古代帥哥	頤　程	定價：240元
13	禪讓--中國歷史上的一種權力遊戲	張　程	定價：240元
14	商賈豪俠胡雪巖(精裝)	秦漢唐	定價：169元
15	歷代后妃宮闈傳奇	秦漢唐	定價：260元
16	歷代后妃權力之爭	秦漢唐	定價：220元
17	大明叛降吳三桂	鳳　娟	定價：220元
18	鐵膽英雄一趙子龍	戴宗立	定價：260元
19	一代天驕成吉思汗	郝鳳娟	定價：230元
20	弘一大師李叔同的後半生-精裝	王湜華	定價：450元
21	末代皇帝溥儀與我	李淑賢口述	定價：280元
22	品關羽	東方誠明	定價：260元
23	明朝一哥 王陽明	呂　崢	定價：280元
24	季羨林的世紀人生	李　琴	定價：260元
25	民國十大奇女子的美麗與哀愁	蕭素均	定價：260元
26	這個宰相不簡單--張居正	逸　鳴	定價：260元
27	六世達賴喇嘛倉央嘉措的情與詩	任倬灝	定價：260元
28	曾國藩經世101智慧	吳金衛	定價：280元
29	魏晉原來是這麼瘋狂	姚勝祥	定價：280元
30	王陽明悟人生大智慧	秦漢唐	定價：280元

國家圖書館出版品預行編目資料

生死講座：與智者一起聊生死 / 姜波

一版. -- 臺北市 :廣達文化, 2012.08

面 ; 公分. -- (身心靈成長：3)(文經閣)

ISBN 978-957-713-504-9(平裝)

1.生死學　2.文集

197.07　　　　　　101011513

生死講座
與智者一起聊生死

榮譽出版：文經閣

叢書別：身心靈成長 03

作者：姜波 編著
出版者：廣達文化事業有限公司
Quanta Association Cultural Enterprises Co. Ltd
發行所：臺北市信義區中坡南路路 287 號 4 樓
電話：27283588　傳真：27264126　　　E-mail：*siraviko@seed.net.tw*
劃撥帳戶：廣達文化事業有限公司　帳號：19805170

印　刷：卡樂印刷排版公司　　　　　　　裝　訂：秉成裝訂有限公司

代理行銷：創智文化有限公司
23674 新北市土城區忠承路 89 號 6 樓
電話：02-2268-3489　傳真：02-2269-6560

CVS 代理：美璟文化有限公司
電話：02-27239968　傳真：27239668

一版一刷：2012 年 8 月

定　價：280 元

書山有路勤為徑，學海無涯苦作舟。